《汽车能源补给站建设与管理丛书》

汽车加油站建设与管理

马秀让　主编

中国石化出版社
HTTP://WWW.SINOPEC-PRESS.COM

内 容 提 要

本书共8章27节，主要内容有国内加油站发展，加油站建设规模确定方法和分类分级与选址，加油站与合建站总平面布置方案探讨，油罐、管线、加油机的选择、安装及双层油罐的设计构想，加油站设备设施更新改造及汽车油罐车油气回收的改造，加油站的任务、服务质量要求和对人员、运行、作业、设备设施、油品、场所、安全等管理方面的内容。

可供从事加油站及合建站规划、设计、施工、监理、管理的人员使用，也可供大中专院校相关专业师生参考。

图书在版编目(CIP)数据

汽车加油站建设与管理 / 马秀让主编. — 北京 ：
中国石化出版社，2020. 6(2025. 8 重印)
(汽车能源补给站建设与管理丛书)
ISBN 978-7-5114-5840-7

Ⅰ. ①汽… Ⅱ. ①马… Ⅲ. ①汽车-加油站-管理
Ⅳ. ①U473.8

中国版本图书馆 CIP 数据核字(2020)第 081967 号

中国石化出版社出版发行
地址：北京市东城区安定门外大街58号
邮编：100011　电话：(010)57512500
发行部电话：(010)57512575
http://www.sinopec-press.com
E-mail：press@sinopec.com
宝蕾元仁浩（天津）印刷有限公司印刷
全国各地新华书店经销
*
710×1000毫米 16开本 11.25印张 202千字
2020年10月第1版　2025年8月第3次印刷
定价：48.00元

《汽车能源补给站建设与管理丛书》

编　委　会

《汽车加油站建设与管理》

编　写　组

主　　编　马秀让

副 主 编　孙洪伟　吴　锴　张文想　秦朝臻

　　　　　谭　冠　穆祥静

编　　写　(按姓氏笔画为序)

　　　　　马月红　王　岩　王银锋　孙海君

　　　　　李　昂　李晓鹏　何岱格　范棕楠

　　　　　屈再生　郭守香　高亚平　徐浩勐

　　　　　徐伟达　康　昂

丛书前言

随着我国国民经济的飞速发展，汽车保有量在我国也随之迅猛增长。不但燃油汽车的保有量在惊人增长，燃气汽车和电动汽车的保有量也在迅速增长。加油站、加气站、充电站均为汽车补充能量的场所，随着各种汽车保有量的增长，这些站也需要随之加快建设。

燃油汽车虽然污染环境，会被燃气、电动汽车等清洁型能源汽车所取代，但这也是若干年后的事。目前，国内有十万多座加油站，只要燃油汽车还存在，加油站就不会被废除。当前，加油站的数量还不十分充足，并且分布不均，有的省或地区还需要新建加油站。此外，国内一些加油站与国外加油站比较还有不少差距，还存在一些问题，需要改造。燃气汽车和电动汽车现在国内还比较少，但它们是未来汽车的发展方向，正在逐渐引起政府和相关行业的重视。关于燃气汽车和电动汽车方面的资料还不多，尤其是关于加气站、充电站工程建设方面的资料更少，关于合建站的资料几乎没有。

汽车加油站、加气站、充电站都分布在汽车交通网上，与城镇交通线路密不可分，都属工程建设，多数为独立的，也有少数的合建站，在建设与管理上三种站有许多相同之处。为了适应这三种站建设和管理的需要，我们组织有工程建设和管理实践经验的同志，编写了《汽车能源补给站建设与管理丛书》。这套丛书有3个分册，分别为：《汽车加油站建设与管理》《汽车加气站建设与管理》《汽车充电站建设与管理》。三本书既有各自独立性，又有相关联系性，有共性、也有个性。

目前国内加油站正朝着管理科学化、设备规范化、人员专业化的方向迈进，本丛书介绍了加油站设计施工的新标准，双壁油罐、油罐及管线检漏等新技术，加油站经营管理的新理念，加油站总平面布置的新思路等。

目前，国内加气站、充电站的建设与管理尚处于起步阶段，缺乏相应的理论和技术支持，相关方面的经验更是欠缺。本丛书从介绍燃气、充电的基础理论入手，借鉴国内外一些科研成果、文献资料，参考加油站的一些建设、管理经验，介绍了其发展前景、建站规划，站址选择、建站模式，平面布局、安全间距，工艺设备、系统组成，工程设计、施工竣工验收，管理体制、人员编制，经营方式、服务理念等。涵盖了加气站、充电站建设与管理的方方面面。

本丛书的主要特色有五点：

一是本书是将国内现有加油站、加气站、充电站三种站相关资料的精华经提炼、吸取，结合新经验、新技术、新设备、新材料，按照新规范编写而成的。这三种站有许多相同之处，比如选址的原则、方法、步骤，建站的设计、施工、验收、经营、管理，使用的要求理念等都大同小异。

二是突出了工程建设的内容。无论是独立的加油站、加气站、充电站，还是各种形式的合建站，都与工程分不开，所以本丛书对其总平面的布置，土建工程设计、施工，设备的选择、安装、调试，工程的检查验收及移交等都作了详细介绍。

三是对站内总平面的布置共做了50个设计方案，既贯彻了新标准的要求，又体现了新的经营管理理念，并对每种方案进行了点评，对方案之间进行了比较，为加油站、加气站、充电站和各种形式的合建站的工程设计提供了参考范例。

四是介绍了一些科研成果和新技术、新设备、新材料。如卧式双壁罐、美国对油罐与管路的防渗检漏手段及方法、玻璃纤维增强塑料等新材料。

五是叙述形式多样，有文字、表格、图片等，图文并茂，易懂易记、内容精炼。

本丛书可供从事加油站、加气站、充电站及各种合建站规划、设计、施工、监理、管理的人员使用，也可供大中专院校相关专业师生参考。

本书在编写过程中，得到编委单位和同行的大力支持，编写过程中参考了同类书籍、学术文章和生产厂家的一些资料，在此表示衷心的感谢。

由于水平所限，不妥之处在所难免，恳请专家、同行、读者提出宝贵意见。

丛书主编　马秀让

2020年4月

前　言

燃油汽车虽然污染环境，会被燃气汽车、电动汽车等使用清洁能源的汽车所取代，但也是若干年后的事。目前，国内燃油汽车的发展速度仍然领先，国内有十万多个加油站，只要燃油汽车存在，加油站就不会被废除。而且国内的加油站还存在一些问题，需要进行改造；与国外加油站相比国内加油站还有不少差距，需要进行改进；国内加油站分布尚不均，不能满足需要的省份还需要新建加油站；另外，国内加油站正向着管理科学化、设备规范化、人员专业化的方向迈进。加油站与加气站、充电站合建站也在探索之中。本书介绍了加油站设计施工的新标准，双壁油罐、油罐及管线检漏等新技术，加油站经营的新理念，加油站总平面布置新思路等。

本书的特色：

一是吸收国内现有加油站相关资料的精华，吸取新经验，按照新规范编写而成。

二是突出了工程建设的内容。无论是独立的加油站，还是各种形式的合建站，都与工程分不开，本书对工程设计、施工，设备选择、安装、调试等内容做了详细介绍。

三是对加油站和合建站的总平面布置做了 24 个设计方案进行探讨，既贯彻了新标准的要求，又体现了新的经营管理理念。对总平面布置进行了多种组合，提出了多种形式，以适应多种情况，并对每种方案进行了点评，方案之间进行了比较，为加油站和各种形式合建站的工程设计提供了参考。

四是介绍了一些科研成果和新技术、新设备、新材料，如卧式双壁罐、美国对加油站油罐与管路的防渗检漏手段及方法、玻璃纤维增强塑料等新材料。

五是叙述形式多样，有文字、表格、方案图、平面图、框图等，文、表、图并茂，生动活泼、易懂易记。

本书可供从事加油站及合建站规划、设计、施工、监理、管理的人员使用，也可供大中专院校相关专业师生参考。

本书得到了编委单位和同行的大力支持，书中参考选用了相关书籍、学术文章和生产厂家的一些资料，在此一并表示衷心的感谢。

由于水平所限、时间仓促，不妥之处在所难免。恳请专家、同行、读者提出宝贵意见。

编者

目　　录

第一章　加油站发展与建设规模确定

第一节　国内加油站发展情况

一、　全国加油站年份（代）数量的发展

据不完全统计，全国加油站各年份(代)数量的发展情况见表 1-1。

表 1-1　全国加油站年份(代)数量发展表

序号	年份	数量/座	序号	年份	数量/座
1	20 世纪 50 年代	70 左右	11	2011 年	95400 左右
2	20 世纪 60 年代	200 左右	12	2012 年	96300 左右
3	20 世纪 70 年代	600 左右	13	2013 年	97000 左右
4	1985 年	3600 左右	14	2014 年	97700 左右
5	1990 年	5000 左右	15	2015 年	96800 左右
6	1993 年	38000 左右	16	2016 年	97100 左右
7	1996 年	42600 左右	17	2017 年	97754 左右
8	2000 年	80000 左右	18	2018 年	106200 左右
9	2006 年	93879 左右	19	2019 年	106556 左右
10	2010 年	95500 左右	20		

二、　全国加油站的分布

全国加油站的分布有两种统计，一是按行业的分布统计，二是按省市的分布统计。

（一）按行业的分布统计

2016 年按行业的分布统计结果是：全国共有加油站 9.71 万座，而中国石油和中国石化两家共有加油站 5.15 万座，约占全国总数的 53%。其中中国石油占 21.52%，中国石化占 31.52%，其他社会加油站占 46.96%。

2018 年按行业的分布统计结果是：全国共有加油站 10.62 万座，而中国石油共有 2.14 万座，约占全国总数的 20%；中国石化共有 3.06 万座，约占全国总数的 29%；民营企业共有 5 万座，约占全国总数的 47%。另外中化、中外合资等其他社会加油站合计约 0.42 万座，约占全国总数的 4%。

另外，2006 年统计的 93879 座加油站中有外资加油站 3400 座，约占全国加油站总数的 4%，主要为 BP、壳牌、埃克森·美孚等外国公司与中国石化、中国石油合资，在江苏、浙江、广东、福建等省建设的合建站。

（二）按省市的分布统计

据不完全统计，2017 年，加油站按省市的分布见表 1-2。

表 1-2　2017 年全国各省市加油站分布统计及排名情况表

排名	省市名称	加油站数/座	排名	省市名称	加油站数/座
1	山东省	11522	17	江西省	3389
2	河南省	11344	18	云南省	3281
3	江苏省	9332	19	福建省	3246
4	河北省	7663	20	新疆维吾尔自治区	3246
5	四川省	7038	21	广西壮族自治区	2865
6	广东省	6796	22	重庆市	2549
7	安徽省	6249	23	北京市	1963
8	浙江省	6000	24	上海市	1729
9	湖北省	5951	25	贵州省	1702
10	辽宁省	5543	26	天津市	1316
11	湖南省	4806	27	甘肃省	1119
12	内蒙古自治区	4138	28	海南省	913
13	山西省	4094	29	宁夏回族自治区	742
14	黑龙江省	3750	30	青海省	560
15	陕西省	3497	31	西藏自治区	316
16	吉林省	3447		以上合计	97754

注：本表数据来源为百度地图，香港特别行政区、澳门特别行政区、台湾省未统计在内。

三、 目前中国加油站存在的主要问题与提高方向

(一) 目前中国加油站存在的主要问题

1. 经营规模小，成品油零售量少

我国石油消费量很大，但不少加油站经营规模较小，成品油零售量很少。据2013年5月31日报道，世界石油消费量的前十国排名顺序为：美国、中国、日本、俄罗斯、德国、印度、韩国、加拿大、法国、沙特阿拉伯。据近期报道，我国石油消费量已超过美国，居世界首位，而我国成品油年零售量仅为美国的一半。据报道，我国成品油年零售量2.1×10^8t左右，按高项估计，每个加油站年平均销售量只有2160t左右。而美国成品油年零售量4.5×10^8t以上，其有18万座加油站，每座加油站年平均销售量达到2500t左右。

2. 目前中国加油站多数经营项目单一，管理水平较低

中国多数加油站与国外加油站相比，经营项目较单一，管理水平较低。表1-3中列举了美国加油站与中国加油站的经营服务项目对比。

表1-3 中国与美国加油站经营服务项目对比

序号	经营服务项目	中国	美国
1	加油	有	有
2	便利店	部分有，类似微型超市	有，设施功能强大
3	卫生间	部分有	有
4	轮胎补气	部分有，需付费	有，免费或低价
5	洗车	极少数有，需付费	有，部分需付费
6	加水	部分有，需付费	有，多数免费
7	ATM	无	有
8	司机休息服务	无	有

(二) 中国加油站发展的方向

燃油汽车与燃气汽车及电动汽车相比虽然不环保，但目前中国燃气汽车及电动汽车的数量还很少，加气站与充电站的数量比加油站的数量也少得

多。所以短期内燃油汽车在国内还占主导地位，加油站的数量增速虽不会很快，但提高其管理水平、扩建服务项目是大有必要的。发展方向可以是如下四方面：

（1）加油站规模大型化和网络布局合理化的提高，是加油站行业发展到特定阶段的必然规律。

（2）服务综合化是提升加油站盈利能力和抗风险能力的必然选择，品牌多元化是推进加油站服务综合化的重要途径。加油站内应扩建便利店、扩建汽车维护等类型的服务设施，并引入外部专业化品牌，设立专业化子公司等。

（3）逐步提高设备自动化和服务自动化水平。

（4）随着人类"健康、安全、环保"意识的提高以及政府环保法规日益严格，今后将以法律形式确保加油站的安全与环保，实现高清洁油品的品牌销售。

第二节　加油站建设规模的确定

加油站的建设规模通常由批准的计划任务书决定，计划任务书中应提出加油站供油品种、油罐容量及个数、加油机台数及车道数、建筑物名称及面积、占地面积等内容。决定这些参数的因素主要是加油站所处的地理位置和车流量，用地形状和大小，业务性质和经营方式等。根据国内加油站建设实践和几个参数间关系，提出如下参考计算公式和参考数据。

一、加油站容量及油罐个数确定

（一）单种油品容量计算参考公式

单种油品容量计算参考公式，见式(1-1)。

$$V=\frac{G\cdot K}{1000\times\eta} \tag{1-1}$$

式中　V——油品设计容量，m^3；

G——平均日加油量，L；

K——油品储备天数，d，取2~3d；

η——油罐利用系数，一般汽油取0.90，柴油取0.85；

1000——m^3 折算为L的系数，L/m^3。

（二）单种油品油罐个数计算公式

单种油品油罐个数计算公式，见式(1-2)。

$$W=\frac{V}{V_{\circ}} \tag{1-2}$$

式中 W——单种油品的油罐个数，个；

V——单种油品的设计容量，m^3，由式(1-1)计算得出；

$V_{\circ}$——单个油罐的安全容量，m^3，由油罐产品系列查得。

由式(1-2)计算得油罐个数 W，可能不是整数，应进位取整。

（三）加油站总容量及油罐总个数计算

加油站总容量等于加油站各单种油品容量相加之和。

加油站油罐总个数等于加油站各单种油品油罐个数相加之和。

加油站实际总容量等于油罐总个数能储存的油品总容量。

二、 加油站车道数和加油机台数确定

（一）加油站车道数确定

加油能力的大小与加油站车道数及加油机台数有关。加油车道和加油机台数多，单位时间内加油车次就多，加油能力也就大；加油车道和加油机台数少，单位时间的加油车次就少，因而加油能力也就小。加油站车道数与加油站级别有关，通常情况下，一级加油站车道不宜少于4条；二级加油站一般为2~4条；三级加油站一般为1~2条。

（二）加油机台数确定

加油机台数依据加油站的设计能力而定，并应考虑每种油品至少设两台加油机，以保证设备保养时不间断营业。不同性质的加油站加油机台数的计算方法不同，下面公式可供参考。

1. 企(事)业单位加油站加油机台数计算公式

企(事)业单位加油站加油机台数计算公式，见式(1-3)。

$$n=\frac{N \cdot U \cdot L}{Q}a \tag{1-3}$$

式中　n——加油机台数，台；

N——车辆总数，辆；

U——平均每辆车每公里耗油量，L/(km·辆)；

L——平均每辆车每天行驶公里数，km/(d·辆)；

Q——平均每台加油机每天加油量，L/(d·台)，一般取6000~8000 L/(d·台)；

a——不均衡系数，取0.5。

2. 公共加油站加油机台数计算公式

公共加油站加油机台数计算公式，见式(1-4)。

$$n=\frac{G\times 1000}{300\times Q}\beta \tag{1-4}$$

式中　n——加油机台数，台；

G——加油站年加油量，m^3；

1000——m^3 折算为L的系数，L/m^3；

300——年营业天数，d；

Q——平均每台加油机每天加油量，取6000~10000L/(d·台)，一般24h服务的加油站，取10000L/(d·台)；日间服务的加油站取8000 L/(d·台)；

β——加油机利用系数，柴油取1，汽油取2。

三、加油站建筑面积和占地面积估算

(一) 加油站建筑面积估算

陆上型加油站，除了流动型加油站外，各类加油站一般应设置营业室、值班休息室、卫生间、储藏室、配电间、附油库、雨棚等基本的建(构)筑物。对于综合型加油站，为了开展别的服务项目，尚应增设相应的建(构)筑物，如车辆修理间、汽车配件库、洗车棚等；对于企(事)业型加油站可能尚有与单位其他建筑合建的一些建(构)筑物。

水上型加油站，一般不建固定的建筑物，因为码头上一般不允许有突出码头面的设施。

加油站建筑面积主要与加油站的功能、服务项目有关，同一功能而不同容量的加油站其建筑面积相差不多。

加油站的建筑面积，目前国内尚无统一规定标准，参考国内加油站已有建设情况，根据建筑专业的设计要求和一般做法，表 1-4 列出的建筑面积，可供设计参考。

表 1-4 各类加油站建筑面积参考表 m^2

建筑名称	陆上型								
	单纯型			单一型			综合型		
	1 级	2 级	3 级	1 级	2 级	3 级	1 级	2 级	3 级
营业室	22	18	12	17	12	10	24	20	13
值班休息室	18	15	11	14	10	8	25	20	15
卫生间	16	13	12	13	12	10	20	18	14
储藏室	10	8	6	8	6	6	12	10	8
配电间	8	6	4	8	5	4	10	8	6
附油库	25	20	15	20	15	10	30	20	15
雨棚	80	50	30	70	30	18	90	60	30
消防间	2						2		
基本建筑小计	181	130	90	150	90	66	213	156	101
修理、配件、洗车间等小计							80	50	30
总计							293	206	131

（二）加油站占地面积估算

加油站占地包括站内的建（构）筑物占地，埋设油罐占地，车辆进出、停放场地占地，以及为满足安全防火距离而拉开的空地。土地利用率高的加油站形状为长方形，一般宜将其长边与沿街道路平行，其长边不宜小于 40m。加油站内建筑物占地面积占的比例很小，约为总占地面积的 7%~14%。确定了建筑面积后，用式（1-5）即可估算占地面积：

$$S_d = \frac{S_j}{7\% \sim 14\%} \cdot \gamma \tag{1-5}$$

式中 S_d——加油站占地面积，m^2；

S_j——加油站内建(构)筑物总面积，m^2；

γ——余留面积系数，$\gamma=1.1\sim1.2$。

不同国家，或同一国家的不同城镇，或同一城镇的不同地区，或同一地区的不同时期，根据其土地的紧张程度及发展规划需求，国家或城镇可能都有一些用地政策的具体规定，加油站占地都应遵守当地当时的规定。

目前，根据国内加油站建设实践，综合型一级加油站占地面积为3000m^2左右，二级加油站为2000m^2左右，三级加油站为860m^2左右。单一型三级加油站最小占地面积为700m^2左右。

第二章　加油站的分类分级与选址

第一节　加油站分类分级及各类特点

一、　加油站分类

加油站分类与加油站的选址有很大关系，不同类别的加油站其选址考虑的原则有所不同。目前国内加油站尚无统一的分类方法，常见的分类方法如图 2-1 所示。

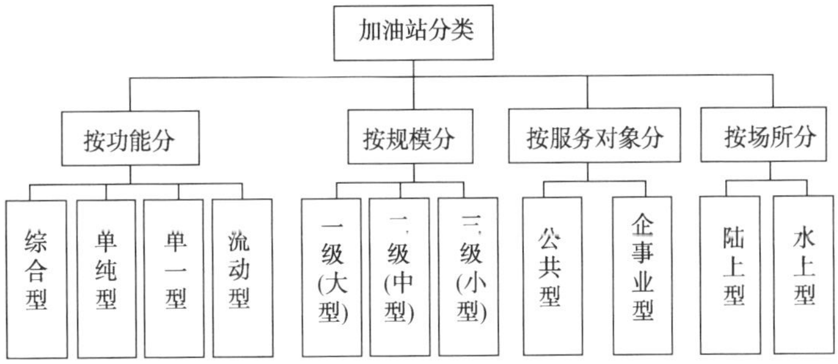

图 2-1　加油站分类

二、　加油站分级

按规模划分的加油站级别，不同国家、同一国家的不同时期或不同行业可能有所不同。

我国加油站分级，国家发布的 GB 50156—2012《汽车加油加气站设计与施工规范》与非商业用加油站略有不同，详见表 2-1。

表 2-1 加油站分级区别表 m^3

级别	总容积 V		单罐容积 V_1	
	GB 50156	非商业用标准	GB 50156	非商业用标准
一级	$150<V\leq 210$	$120<V\leq 180$	$V_1\leq 50$	$V_1\leq 50$
二级	$90<V\leq 150$	$60<V\leq 120$	$V_1\leq 50$	$V_1\leq 50$
三级	$V\leq 90$	$V\leq 60$	汽油罐≤30， 柴油罐≤50	$V_1\leq 30$

注：柴油罐容积可折半计入油罐总容积。

三、 各类加油站的特点

不同类别的加油站有不同的特征，相应有不同的优点。按功能、服务对象、场所划分的加油站，其特征和优点详见表 2-2。

表 2-2 各类加油站特征及优点

类型		特征	优点
按功能分	综合型	规模大；设备全；服务项目多，除加油外，尚有车辆小修、保养、洗车或零售小包装油品，出售饮料等业务	方便客户，经济和社会效益好
	单纯型	规模较综合型小，服务项目单一，只管加油	便于管理，占地和建筑面积较小
	单一型	规模更小，加注油品单一，一般为单罐、单泵、单油品，类似国外的路边加油站	方便管理，占地小，投资少，便于选址
	流动型	用加油车、加油船流动加油，不设固定点，不建房屋，利用路边空地、插空停靠码头定点定时加油	因地制宜，灵活机动，可送油到点，效益好
按服务对象分	公共型	为社会机动车辆服务的商业性加油站	服务对象广，效益好
	企(事)业型	工矿企业、交通运输等企(事)业单位，为本部门车辆和生产装置加油的加油站	服务对象单一，管理方便
按场所分	陆上型	设在陆地上的加油站，城镇加油站多属此类	便于建设，便于操作管理
	水上型	将加油站设置在码头或船上	解决水上加油的问题

第二节　加油站选址原则

加油站选址应经多方比较，多中取好，好中取优，其选址原则如下。

(1) 按照 GB 50156—2012《汽车加油加气站设计与施工规范》的规定：在城市建成区不宜建一级加油站；在城市中心区不应建一级加油站。

(2) 城镇加油站选址应符合城镇建设的总体规划、环境保护和防火安全的要求；企、事业(或军用)附属加油站站址应符合企、事业内部(或军队营院)统一规划，宜靠近车库或车辆进出口。

(3) 加油站应选在交通便利的地方，但不能影响车辆通行能力。城市市区加油站应靠近城市交通干道或设在出入方便的次要干道上，且不宜选在城市干道的交叉路口附近。郊区加油站应靠近公路或设在靠近市区的交通出入口附近。同时，站址亦应有利于交通安全，有良好的视觉条件，使司机能在 100m 以外看见。站址尚应布置在主要车辆流向的右侧。

(4) 选址应避开人流密集区、重要建筑物及地下构筑物区。应避免在塌陷地区及泄洪道旁。

(5) 选址应考虑地质良好，水源、电源充足且便于引入的地方。

(6) 在营区院内选址时，加油站的位置应选在营区较安全和车辆出入较方便的一侧，且应符合营区总体规划的要求。

(7) 兼作战备的加油站，应选在地形、地貌有利于防护、隐蔽和伪装的地带。

(8) 站址选择须满足防火安全的要求，加油站的加油机和油罐与周围建筑物、构筑物、交通线等的安全距离商业与非商业用站有不同要求。

商业用站应按照 GB 50156—2012《汽车加油加气站设计与施工规范》要求，其加油站、加油加气合建站的汽油设备与站外建(构)筑物的安全间距，不应小于表 2-3 中的规定；柴油设备与站外建(构)筑物的安全间距，不应小于表 2-4 中的规定。

表 2-3　加油站、加油加气合建站的汽油设备与站外建(构)筑物的安全间距　m

站外建(构)筑物		站内汽油设备											
		埋地油罐									加油机、通气管管口		
		一级站			二级站			三级站					
		无油气回收系统	有卸油油气回收系统	有卸油和加油油气回收系统	无油气回收系统	有卸油油气回收系统	有卸油和加油油气回收系统	无油气回收系统	有卸油油气回收系统	有卸油和加油油气回收系统	无油气回收系统	有卸油油气回收系统	有卸油和加油油气回收系统
重要公共建筑物		50	40	35	50	40	35	50	40	35	50	40	35
明火地点或散发火花地点		30	24	21	25	20	17.5	18	14.5	12.5	18	14.5	12.5
民用建筑物保护类别	一类保护物	25	20	17.5	20	16	14	16	13	11	16	13	11
	二类保护物	20	16	14	16	13	11	12	9.5	8.5	12	9.5	8.5
	三类保护物	16	13	11	12	9.5	8.5	10	8	7	10	8	7
甲、乙类物品生产厂房、库房和甲、乙类液体储罐		25	20	17.5	22	17.5	15.5	18	14.5	12.5	18	14.5	12.5
丙、丁、戊类物品生产厂房、库房和丙类液体储罐以及容积不大于 $50m^3$ 的埋地甲、乙类液体储罐		18	14.5	12.5	16	13	11	15	12	10.5	15	12	10.5
室外变配电站		25	20	17.5	22	18	15.5	18	14.5	12.5	18	14.5	12.5
铁路		22	17.5	15.5	22	17.5	15.5	22	17.5	15.5	22	17.5	15.5

续表

站外建(构)筑物		站内汽油设备											
		埋地油罐									加油机、通气管管口		
		一级站			二级站			三级站					
		无油气回收系统	有卸油油气回收系统	有卸油和加油油气回收系统	无油气回收系统	有卸油油气回收系统	有卸油和加油油气回收系统	无油气回收系统	有卸油油气回收系统	有卸油和加油油气回收系统	无油气回收系统	有卸油油气回收系统	有卸油和加油油气回收系统
城市道路	快速路、主干路	10	8	7	8	6.5	5.5	8	6.5	5.5	6	5	5
	次干路、支路	8	6.5	5.5	6	5	5	6	5	5	5	5	5
架空通信线和通信发射塔		1倍杆(塔)高，且不应小于5m			5			5			5		
架空电力线路	无绝缘层	1.5倍杆(塔)高，且不应小于6.5m			1倍杆(塔)高，且不应小于6.5m			6.5			6.5		
	有绝缘层	1倍杆(塔)高，且不应小于5m			0.75倍杆(塔)高，且不应小于5m			5			5		

注：① 室外变、配电站指电力系统电压为35～500kV，且每台变压器容量在10MV·A以上的室外变、配电站，以及工业企业的变压器总油量大于5t的室外降压变电站。其他规格的室外变、配电站或变压器应按丙类物品生产厂房确定。

② 表中道路系指机动车道路。油罐、加油机和油罐通气管管口与郊区公路的安全间距应按城市道路确定，高速公路、一级和二级公路应按城市快速路、主干路确定，三级和四级公路应按城市次干路、支路确定。

③ 与重要公共建筑物的主要出入口(包括铁路、地铁和二级及以上公路的隧道出入口)尚不应小于50m。

④ 一、二级耐火等级民用建筑物面向加油站一侧的墙为无门窗洞口的实体墙时，油罐、加油机和通气管管口与该民用建筑物的距离，不应低于本表规定的安全间距的70%，并不得小于6m。

⑤ 表中甲、乙、丙、丁、戊类根据GB 50016—2014《建筑设计防火规范》规定。

表 2-4 柴油设备与站外建(构)筑物的安全间距 m

<table>
<tr><th colspan="2" rowspan="3">站外建(构)筑物</th><th colspan="4">站内柴油设备</th></tr>
<tr><th colspan="3">埋地油罐</th><th rowspan="2">加油机、通气管管口</th></tr>
<tr><th>一级站</th><th>二级站</th><th>三级站</th></tr>
<tr><td colspan="2">重要公共建筑物</td><td>25</td><td>25</td><td>25</td><td>25</td></tr>
<tr><td colspan="2">明火或散发火花地点</td><td>12.5</td><td>12.5</td><td>10</td><td>10</td></tr>
<tr><td rowspan="3">民用建筑物保护类别</td><td>一类保护物</td><td>6</td><td>6</td><td>6</td><td>6</td></tr>
<tr><td>二类保护物</td><td>6</td><td>6</td><td>6</td><td>6</td></tr>
<tr><td>三类保护物</td><td>6</td><td>6</td><td>6</td><td>6</td></tr>
<tr><td colspan="2">甲、乙类物品生产厂房、库房和甲、乙类液体储罐</td><td>12.5</td><td>11</td><td>9</td><td>9</td></tr>
<tr><td colspan="2">丙、丁、戊类物品生产厂房、库房和丙类液体储罐以及容积不大于 50m³ 的埋地甲、乙类液体储罐</td><td>9</td><td>9</td><td>9</td><td>9</td></tr>
<tr><td colspan="2">室外变配电站</td><td>15</td><td>15</td><td>15</td><td>15</td></tr>
<tr><td colspan="2">铁路</td><td>15</td><td>15</td><td>15</td><td>15</td></tr>
<tr><td rowspan="2">城市道路</td><td>快速路、主干路</td><td>3</td><td>3</td><td>3</td><td>3</td></tr>
<tr><td>次干路、支路</td><td>3</td><td>3</td><td>3</td><td>3</td></tr>
<tr><td colspan="2">架空通信线和通信发射塔</td><td>0.75 倍杆(塔)高，且不应小于 5m</td><td>5</td><td>5</td><td>5</td></tr>
<tr><td rowspan="2">架空电力线路</td><td>无绝缘层</td><td>0.75 倍杆(塔)高，且不应小于 6.5m</td><td>0.75 倍杆(塔)高，且不应小于 6.5m</td><td>6.5</td><td>6.5</td></tr>
<tr><td>有绝缘层</td><td>0.5 倍杆(塔)高，且不应小于 5m</td><td>0.5 倍杆(塔)高，且不应小于 5m</td><td>5</td><td>5</td></tr>
</table>

注：① 室外变、配电站指电力系统电压为 35~500kV，且每台变压器容量在 10MV·A 以上的室外变、配电站，以及工业企业的变压器总油量大于 5t 的室外降压变电站。其他规格的室外变、配电站或变压器应按丙类物品生产厂房确定。

② 表中道路指机动车道路。油罐、加油机和油罐通气管管口与郊区公路的安全间距应按城市道路确定，高速公路、一级和二级公路应按城市快速路、主干路确定，三级和四级公路应按城市次干路、支路确定。

③ 表中甲、乙、丙、丁、戊类根据 GB 50016—2014《建筑设计防火规范》规定。

第三章　加油站与合建站总平面布置方案探讨

第一节　加油站总平面布置方案探讨

一、 加油站总平面布置原则

总平面布置是工程设计的重要环节，直接影响工程是否经济合理、安全可靠、使用方便。加油站总平面布置应考虑如下原则。

(1) 首先应充分利用站址周围的道路、场地和地形地貌，使过往车辆方便出入。

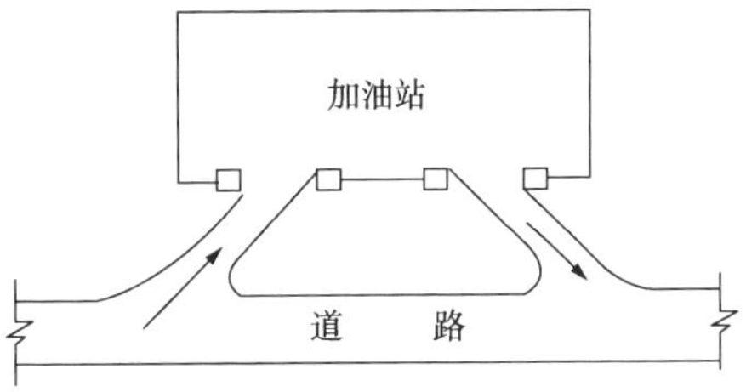

图 3-1　港湾式布置

根据站址和道路的位置关系，加油站布置形式常见的有两种，一种是顺路一侧平行布置，如同海港码头，故称港湾式，如图 3-1 所示；另一种是在交叉路口或道路转弯处布置，故称路口式，如图 3-2 所示。

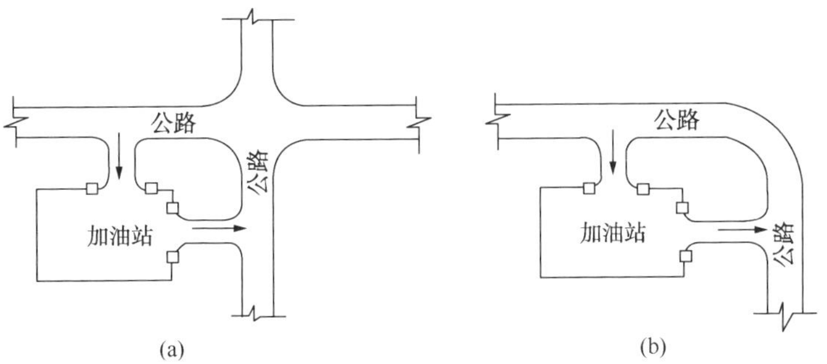

图 3-2　路口式布置

(2) 站内建筑尽量与周围环境、建筑形式协调一致，符合城镇整体布局美观大方的原则，使加油站成为衬托城镇环境的景点。

(3) 站内建(构)筑物尽量分区布置，方便使用，有利安全。

站内通常分为油罐区、加油区和辅助区。各区内建(构)筑物见表3-1。

表3-1　加油站区域划分表

区域	油罐区	加油区(作业区)	辅助区(辅助服务区)
各区建(构)筑物	油罐组、卸油井、卸油场地、油气管塔等	站房、罩棚、加油岛、加油机、停车场、通车道等	办公室、附油间、工具器材间、修车间、洗车棚、零售店、休息室、宿舍、卫生间等

在具体布置时，如表3-1所列的建(构)筑物较齐全的，一般在大型综合型加油站中才有，对于这种加油站宜采用分散布置，即各区之间拉开的距离较大，分区明确，干扰少，较安全，能充分和绿化结合，发挥绿化的防噪、遮阳、避风的作用，但占地多，道路多，投资大。对于单纯型、单一型的中、小型加油站，表3-1中建(构)筑物不是全有的，宜采用集中布置，各区之间距离较小，有些功能相近，但不影响安全的建(构)筑物可以合建，这样占地少，布置紧凑，投资省。加油站的作业区与辅助服务区之间应有界线标识。

(4) 平面布置应符合GB 50156—2012《汽车加油加气站设计与施工规范》中有关规定，现摘编如下：

① 加油站的作业区内，不得有“明火地点”或“散发火花地点”。

② 加油站的变配电间或室外变压器应布置在爆炸危险区域之外，且与爆炸危险区域边界线的距离不应小于3m。变配电间的起算点应为门窗等洞口。

③ 站房可布置在加油作业区内。当站房的一部分位于加油作业区内时，该站房的建筑面积不宜超过300m^2，且该站房内不得有明火设备。

④ 加油站内设置的经营性餐饮、汽车服务等非站房所属建筑物或设施，不应布置在加油作业区内，其与站内可燃液体或可燃气体设备的防火间距，应符合本规范第4.0.4~4.0.9条有关三类保护物的规定。经营性餐饮、汽车服务等设施内设置明火设备时，则应视为“明火地点”或“散发火花地点”。其中，对加油站内设置的燃煤设备不得按设置有油气回收系统折减距离。

⑤ 加油站内各主要建(构)筑物之间应保持防火距离，参见表3-2。

表 3-2 加油站内的各建(构)筑物之间的防火距离 m

设施名称	汽油罐	柴油罐	汽油通气管管口	柴油通气管管口	油品卸车点	加油机	站房	消防泵房和消防水池取水口	自用燃煤锅炉房和燃煤厨房	自用有燃气(油)设备房间	站区围墙
汽油罐	0.5	0.5	—	—	—	—	4	10	18.5	8	3
柴油罐	0.5	0.5	—	—	—	—	3	7	13	6	2
汽油通气管管口	—	—	—	—	3	—	4	10	18.5	8	3
柴油通气管管口	—	—	—	—	2	—	3.5	7	13	6	2
油品卸车点	—	—	3	2	—	—	5	10	15	8	—
加油机	—	—	—	—	—	—	5	6	15(10)	8(6)	—
站房	4	3	4	3.5	5	5	—	—	—	—	—
消防泵房和消防水池取水口	10	7	10	7	10	6	—	—	12	—	—
自用燃煤锅炉房和燃煤厨房	18.5	13	18.5	13	15	15(10)	—	12	—	—	—
自用有燃气(油)设备房间	8	6	8	6	8	8(6)	—	—	—	—	—
站区围墙	3	2	3	2	—	—	—	—	—	—	—

注：① 括号内数值为柴油加油机与自用有燃煤或燃气(油)设备的房间的距离。

② 橇装式加油装置的油罐与站内设施之间的防火间距应按本表汽油罐、柴油罐增加30%。

③ 当卸油采用油气回收系统时，汽油通气管管口与站区围墙的距离不应小于2m。

④ 站房、有燃煤或燃气(油)等明火设备的房间的起算点应为门窗等洞口。站房内设置有变配电间时，变配电间应布置在爆炸危险区域之外，且与爆炸危险区域边界线的距离不应小于3m。变配电间的起算点应为门窗等洞口。

⑤ 表中"—"表示无防火间距要求。

(5) 合理布置站内停车场、行车道和绿地、空地，尽量节约投资、美化环境。

停车场和行车道不应采用沥青铺设，需用混凝土浇筑，但造价高。故应尽量控制在确有必要的地面，并应满足站内单车道宽度不小于4m，双车道宽度不小于6m的规定。不停车、行车的地面不应浇筑混凝土，应采用土面或铺行人砖道，并应适当建些花池、绿地，美化站容站貌。有条件的应规划出发展场地。

（6）加油站进出口平面设计：

① 加油站的进、出口应分开设置。进出口道路应与城镇交通公路相连，并应与公路车辆行驶方向一致，以减少车流交叉矛盾。进出口必须保证足够的车辆转弯半径和必要的行车视距。进出口与公路的距离应比转弯半径大 1m 以上，使车辆通畅进出，如图 3-3(a)所示。当因受用地条件限制，进出口与公路的距离很近，不能满足以上要求时，应加大车辆进出口的宽度，以满足车辆转弯半径的要求，如图 3-3(b)所示。

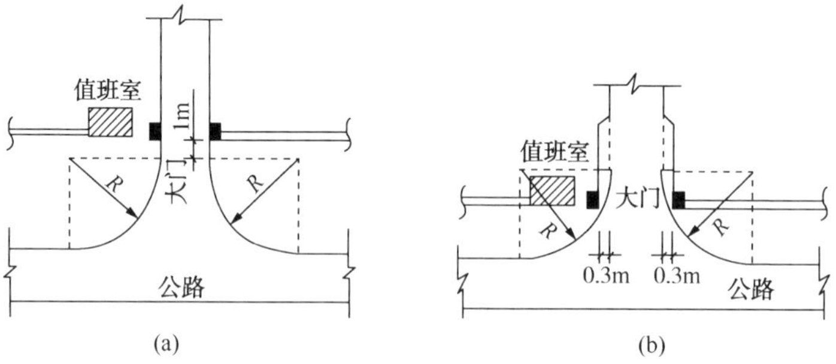

图 3-3　加油站进出口转弯半径

② 加油站进出口的转弯半径取决于车辆的大小和车辆的行驶速度，速度越大则转弯半径越大。车辆进出加油站时的速度不能超过 15km/h。加油站进出口转弯半径一般为 9~15m。各种机动车辆的最小转弯半径如图 3-4 所示。

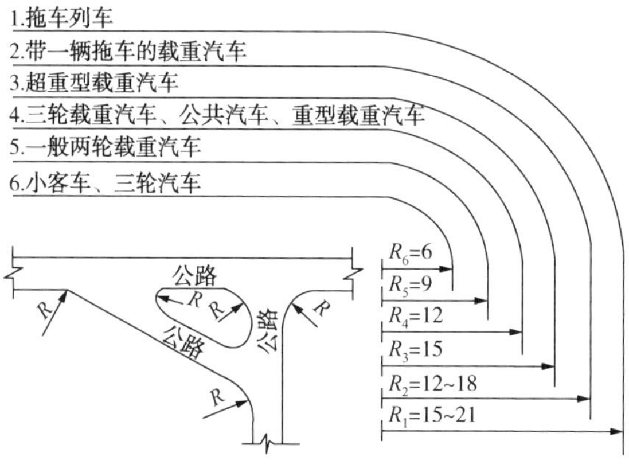

图 3-4　道路最小转弯半径 R(m)

③ 加油站的出口应考虑交叉路口视矩，使司机能看见对面来车的距离(S)，如图 3-5 所示。

在视距范围内不应植树或设置围墙等建(构)筑物，一般停车视距为20m，会车视距为40m，交叉口会车视距为20m，在以上视距和1.2m视线高度以下范围内的障碍及遮挡物应全部清除，以确保行车安全。

④ 为方便汽车进出加油站，车行道应有不大于30°的主要道路转角。通过人行的道路转角不得小于45°，如加油站的进出口经过人行道，两车行道相距至少不小于16m，人行道上的车行道路转角的起点应距离公路10m以上。道路宽度不小于6m时，进出口段的最大纵向坡度不得大于5%，最小不得小于3%，其坡长应小于20m。

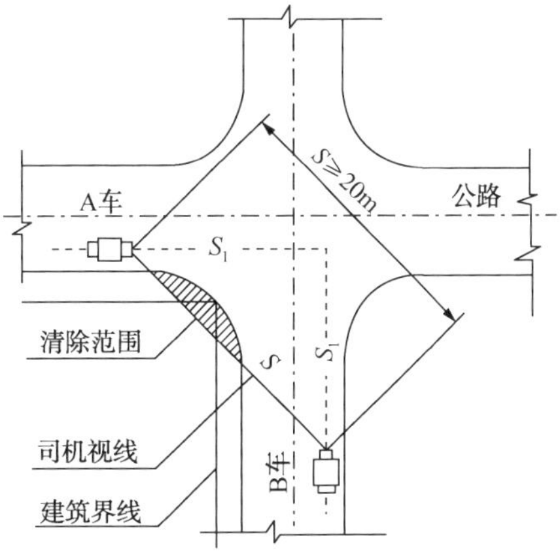

图3-5 视距图

(7) 加油站内行车道平面布置：

① 加油站内道路边缘与建(构)筑物的最小距离，应符合表3-3中的要求。

表3-3 站内道路边缘与建(构)筑物的最小距离

序号	相邻建(构)筑物名称	最小距离/m
1	建筑物外墙面： ① 当建筑物面向道路一侧无出入口时 ② 当建筑物面向道路一侧有出入口，但无汽车引道时 ③ 当建筑物面向道路一侧有出入口和汽车引道时	 1.50 3.00 6.00~8.00
2	标准轨铁路中心	3.75
3	窄轨铁路中心	3.00
4	围墙： ① 当围墙有汽车出入口时 ② 当围墙无汽车出入口，但围墙边设有照明灯杆时 ③ 当围墙无汽车出入口，且围墙边不设照明灯杆时	 6.00 2.00 1.50
5	树木： ① 乔木 ② 灌木	 1.00 0.50

② 加油站内车行道布置方式：

车行道，系罩棚下加油机两侧加油作业的场地。布置有单车道、双车道、多车道、环形道等。

A. 单车道：

一般用于小型加油站。适用于单罐、单机、单品种的业务要求。单车道布置要考虑卡车油箱一般在车辆左侧，因此加油机应设在车道的左侧，以利作业，方便加油。车道宽度不宜小于5m，转弯半径不小于14m，如图3-6所示。

B. 双车道：

加油站双车道布置是很常见的。两个车道，两条加油作业线，互不干扰，如图3-7所示。

采用双车道布置方式，加油岛与站房一侧车道不小于5m。车道转弯半径依据待加油车型而有所不同，小型车转弯半径不小于9m，大型车转弯半径不小于15m。

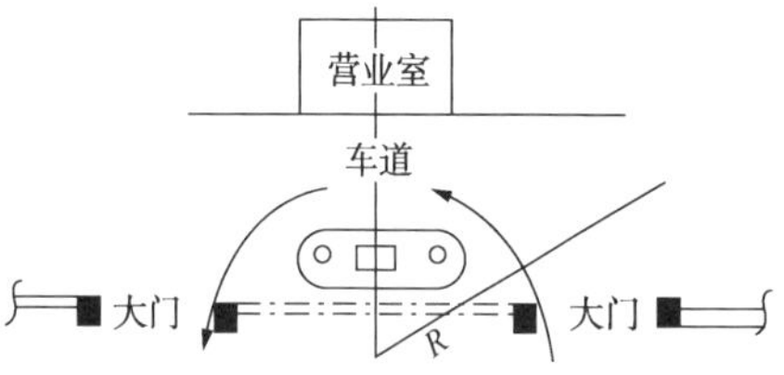

图3-6　单车道布置图

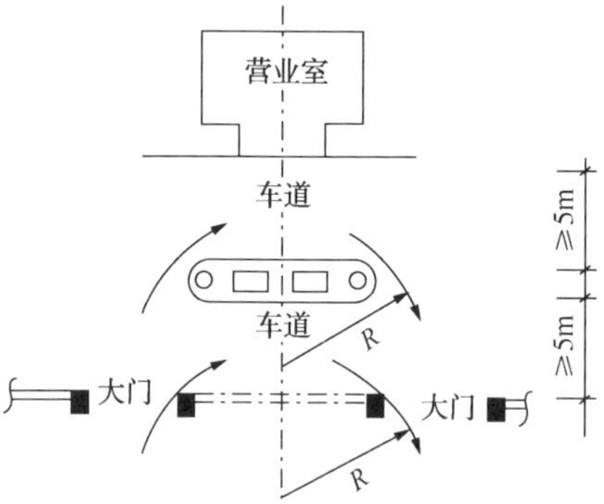

图3-7　双车道布置图

C. 多车道：

多车道布置适合大型加油站。特点是车辆通过能力强，加油能力大。常见的布置方式如图3-8所示。

多车道是指三条以上的加油作业线车道。靠站房一侧为单车道时，内侧宽度不宜小于5m，外侧车道不宜小于5m。双车道的宽度不宜小于6.5m，转弯半径不小于15m。

D. 环形道：

站房为圆形建筑。以站房为中心，加油车道围绕站房布置，站房距加油岛不小于5m，其转弯半径不小于14m，如图3-9所示。

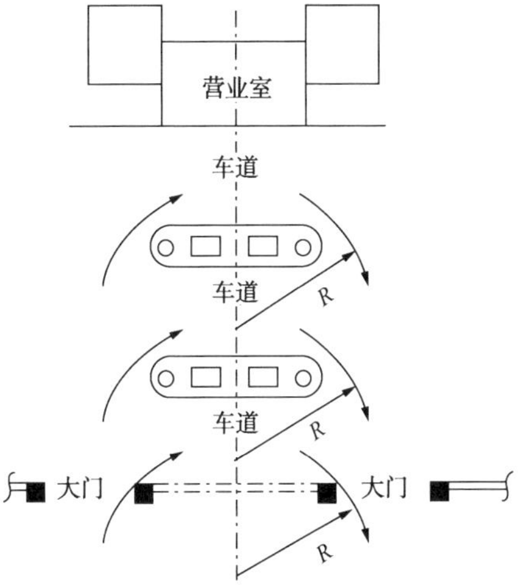

图 3-8 多车道布置图

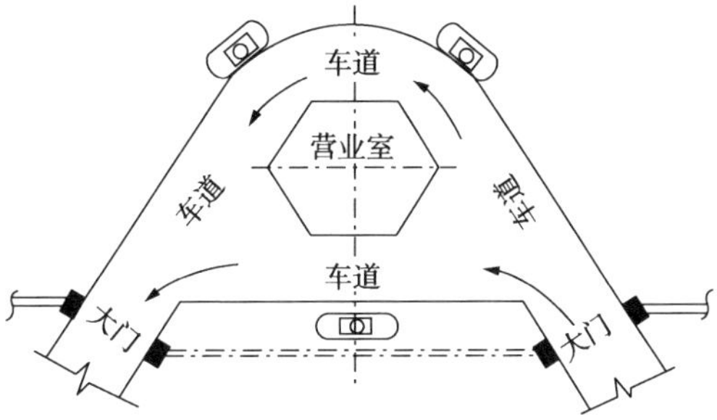

图 3-9 环形道布置图

以上四种行车道布置方式，可以根据需要，依据地形进行组合，以满足业务要求，达到方便车辆加油的目的。

(8) 加油站围墙设计要求：

加油站围墙范围除满足站内布置需要和防火安全距离要求外，一般与征地红线一致。如果为了在围墙外设防火隔离带，则围墙应缩回隔离带所需距离。

GB 50156—2012 中规定：

① 加油站内的爆炸危险区域，不应超出站区围墙和可用地界线。

② 加油站的工艺设备与站外建(构)筑物之间，宜设置高度不低于 2.2m 的不燃烧体实体围墙。当加油站的工艺设备与站外建(构)筑物之间的距离大于(规范中表 4.0.4 和表 4.0.5)安全间距的 1.5 倍，且大于 25m 时，可设置非实体围墙。面向车辆入口和出口道路的一侧可设非实体围墙或不设围墙。

二、 加油站总平面布置方案探讨

根据上述加油站总平面布置原则，巧妙利用站址周围建筑环境，结合征用土地大小和形状，合理布置加油站总平面，是加油站设计很重要的一步，下面列举一些加油站总平面布置方案，以供参考。

(一) 平面布置方案一

方案一，平面布置如图 3-10 所示，加油站长、宽及面积见表 3-4。

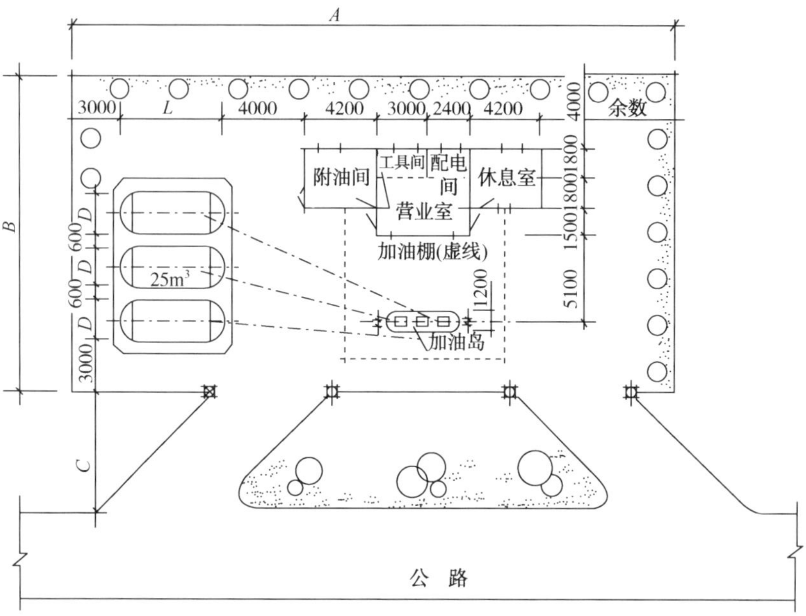

图 3-10 方案一平面布置图

表 3-4 加油站长、宽及面积表

加油站级别	C/m	A/m		B/m		占地面积				建筑面积/m²
		10m³罐	25m³罐	10m³罐	25m³罐	10m³ 罐		25m³ 罐		
						m²	亩	m²	亩	
一级	7	32	35	19	19	628	0.942	665	0.997	57.8
二级	2	32	35	19	19	628	0.942	665	0.997	57.8
三级	不限	32	35	19	19	628	0.942	665	0.997	57.8

方案一特点：

(1) 本图为港湾式、双车道、集中布置的典型举例。

(2) 地形为规则的长方形，罐组集中布置在一侧，其他建筑与罩棚连体合建，节省立柱，是常见小型加油站的布置形式。

(3) 占地面积小，图中 A、B、C 长度为最小占地限度，所以占地面积也是最小极限。

(二) 平面布置方案二

方案二，平面布置如图 3-11 所示，加油站长、宽及面积见表 3-5。

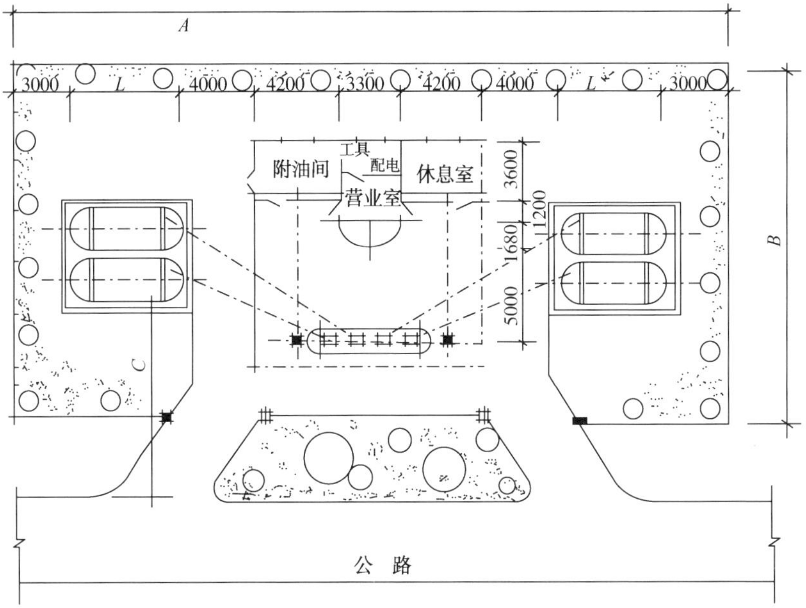

图 3-11　方案二平面布置图

表 3-5　加油站长、宽及面积表

加油站级别	C/m	A/m		B/m		占地面积				建筑面积/m²
		10m³罐	25m³罐	10m³罐	25m³罐	10m³ 罐		25m³ 罐		
						m²	亩	m²	亩	
一级	10	33	36.5	21	21	693	1.04	766.5	1.15	57.8
二级	5	33	36.5	21	21	693	1.04	766.5	1.15	57.8
三级	不限	33	36.5	21	21	693	1.04	766.5	1.15	57.8

方案二特点：

(1) 本方案为港湾式、双车道、全对称集中布置的典型例子。

(2) 地形为规则的长方形，罐组对称布置在两侧，站房等建筑与罩棚连体合建位于中间，节省立柱，是常见小型加油站的布置形式。

(3) 占地面积小，图中 A、B、C 长度为最小占地限度，所以占地面积也是最小极限。

（三）平面布置方案三

方案三，平面布置如图 3-12 所示。

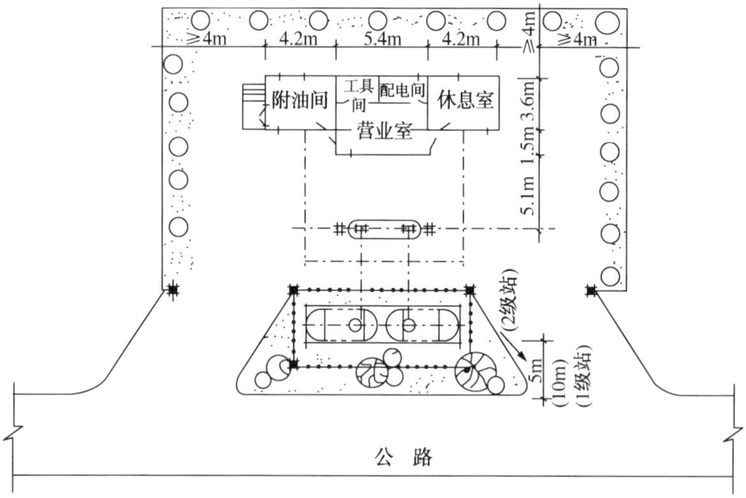

图 3-12 方案三平面布置图

方案三特点：

（1）本方案为港湾式、双车道、全对称集中布置的典型例子。

（2）地形较方正规则，罐组前置，站房等建筑与罩棚连体合建与罐组成一线，故称罐前置一条线布置。

（3）本方案适于占地见方、站址背公路后坐的情况。

（4）油罐组需专设围墙保证安全。

（四）平面布置方案四

方案四，平面布置如图 3-13 所示。

方案四特点：

（1）本方案为港湾式、双车道、分散集中相结合的混合布置的例子。站房及相关建筑和罩棚连体合建，附属用房另地布置。

（2）地形方正规则，中轴线建筑及花池均呈正六边形，构思新颖，造型美观大方。

（五）平面布置方案五

方案五，平面布置如图 3-14 所示。

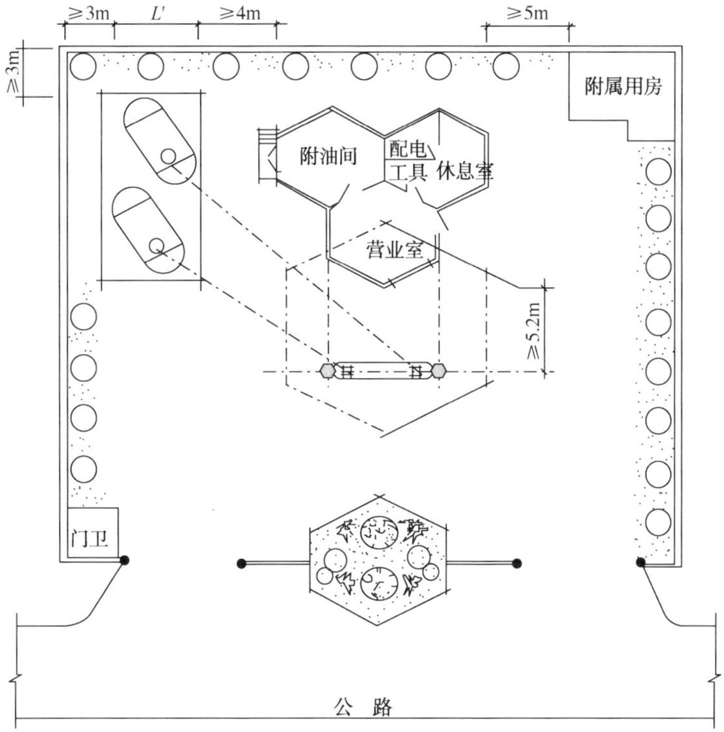

图 3-13 方案四平面布置图

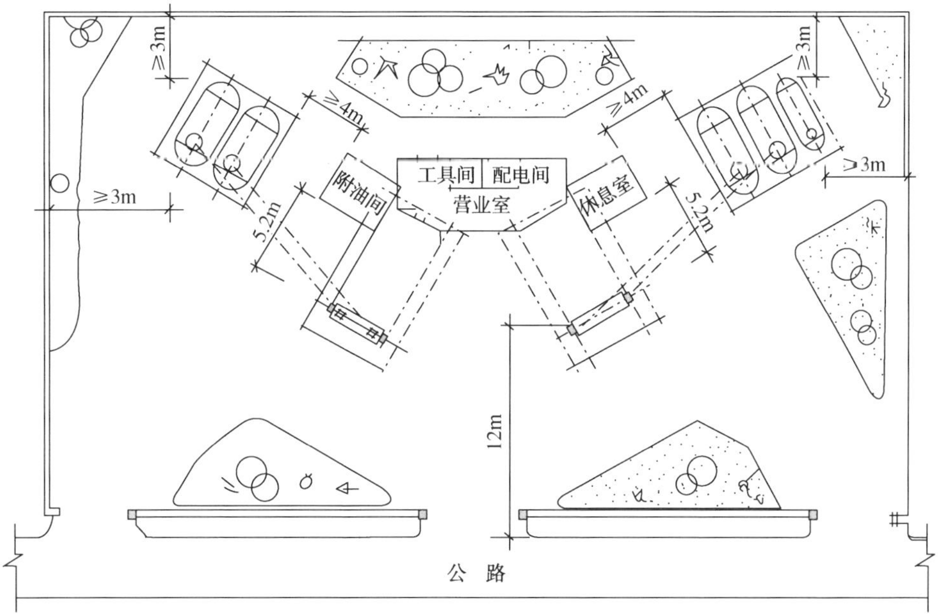

图 3-14 方案五平面布置图

方案五特点：

(1) 本方案为港湾式、4 车道、全对称斜向集中布置的例子。

(2) 地形为规则的长方形，罐组对称斜向布置在两侧，站房等建筑与罩棚连体合建居中斜向布置，绿地随建筑面积相应陪衬。

(3) 留有发展余地较大，便于扩建其他建筑设施，开展其他服务项目。

(六) 平面布置方案六

方案六，平面布置如图 3-15 所示。

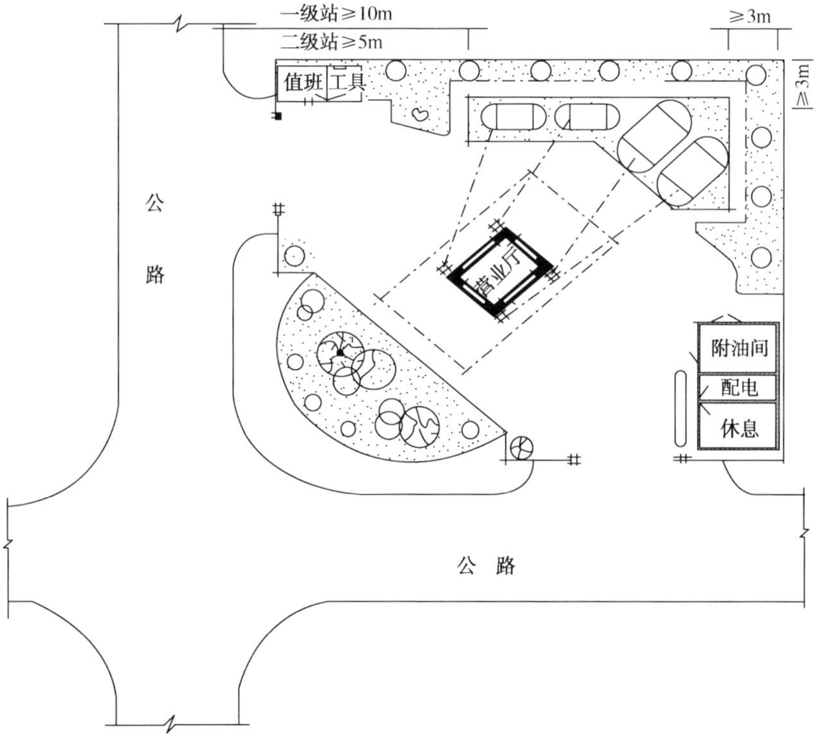

图 3-15　方案六平面布置图

方案六特点：

(1) 本方案为路口式、双车道、分散布置的例子。加油站利用了交通方便的十字路口，两个站门分别与两条路相连，使车辆进出方便。

(2) 油罐区设在加油站后方，增加了安全性，营业厅居中，方便操作，其他附属用房布置在两个门旁，方便营业。

(七) 平面布置方案七

方案七，平面布置如图 3-16 所示。

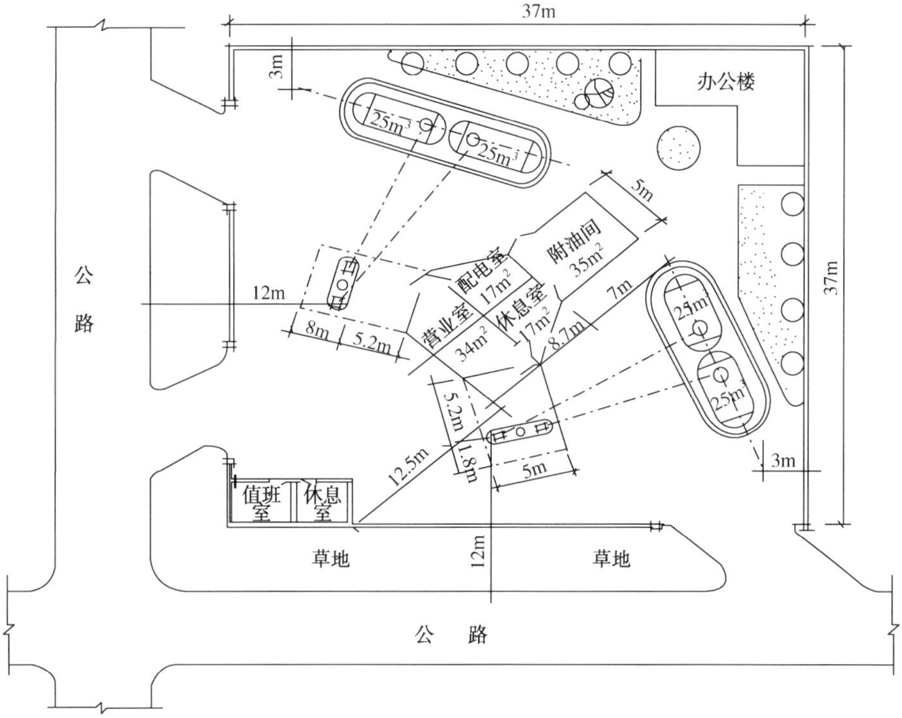

图 3-16 方案七平面布置图

方案七特点：

(1) 本方案为路口式、四车道、分散集中相结合的混合布置举例。站房及相关建筑和罩棚连体合建，油罐和其他用房分散布置。

(2) 地形方正，以对角线对称布置，中心建筑呈六边形辐射布置形式，造型美丽，构思新颖。

(八) 平面布置方案八

方案八，平面布置如图 3-17 所示。

方案八特点：

(1) 本方案为路口式、多车道、分散布置的例子。

(2) 地形不规则，建(构)筑物以不同造型占地，并以水池绿地陪衬，尽量使站内协调美观。

(3) 营业厅和罩棚巧妙配合，似展翅的海鸥，站顶设铁锚标志，又具特色。

(九) 平面布置方案九

方案九，平面布置如图 3-18 所示。

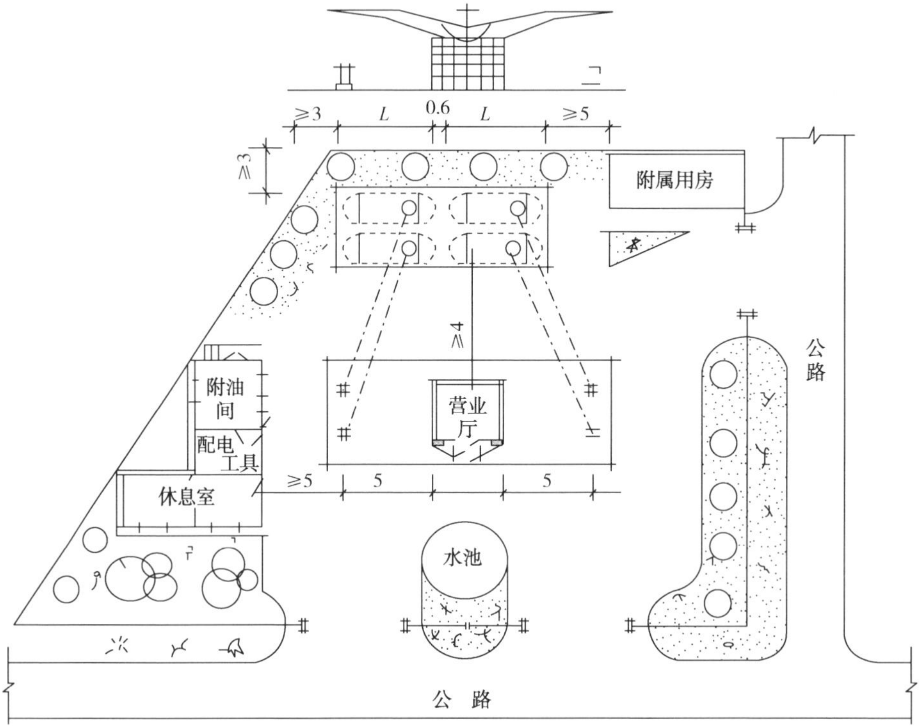

图 3-17　方案八平面布置图

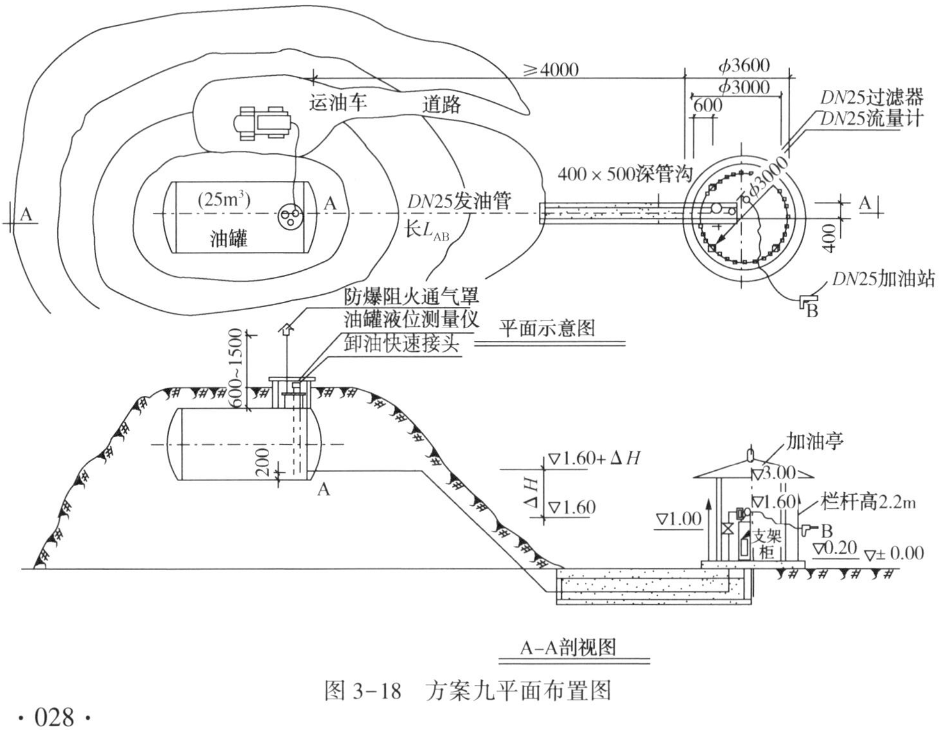

图 3-18　方案九平面布置图

方案九特点：

(1) 本方案充分利用地形创造自流卸油、自流发油的条件，既不用电又较安全，省经营费用，操作简单可靠。

(2) 为单罐、单管、单枪、单品种加油系统。系统简单，属内部小型单一型加油站。

(十) 平面布置方案十

方案十，平面布置如图 3-19 所示。

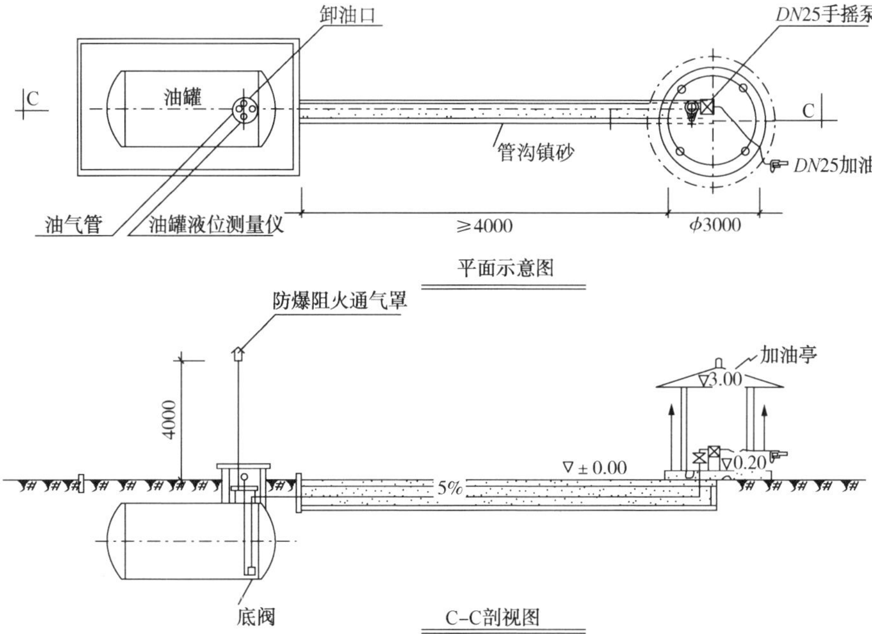

图 3-19　方案十平面布置图

方案十特点：

本方案为埋地罐，卸油可自流，发油靠手摇泵，为单罐、单管、单泵、加单一油品的系统。系统简单，属内部小型单一型加油站。

(十一) 平面布置方案十一

方案十一，平面布置如图 3-20 所示。

方案十一特点：

(1) 本方案是三级小型加油站，占地面积 1120m^2，业务用房建筑面积 259m^2，4 个汽车停车场面积 80m^2。

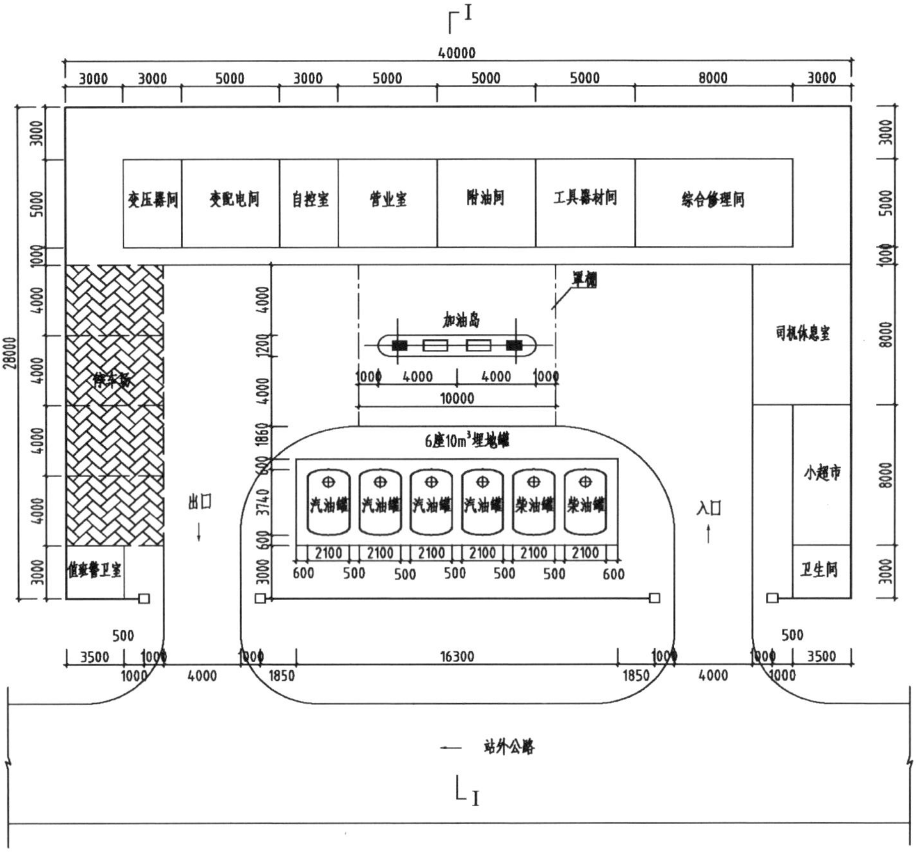

图 3-20　方案十一平面布置图

(2) 本方案按新的经营理念，以方便顾客为宗旨，比国内常规加油站增设了综合修理间、小超市、公共卫生间、司机休息室、停车场等公用建筑。

(3) 业务用房集中一排相连布置，节省外墙、节省投资、缩短工期，方便管理、使用。

(4) 地下储罐集中一排相连布置，节省土地、节省投资、缩短工期，方便管理、使用。

(5) 小超市、公共卫生间、司机休息室、停车场等公用建筑靠两边大门两侧布置，可以减少干扰业务工作，减少站内混乱，使加油站相对安全。

(十二) 平面布置方案十二

方案十二，平面布置如图 3-21 所示。

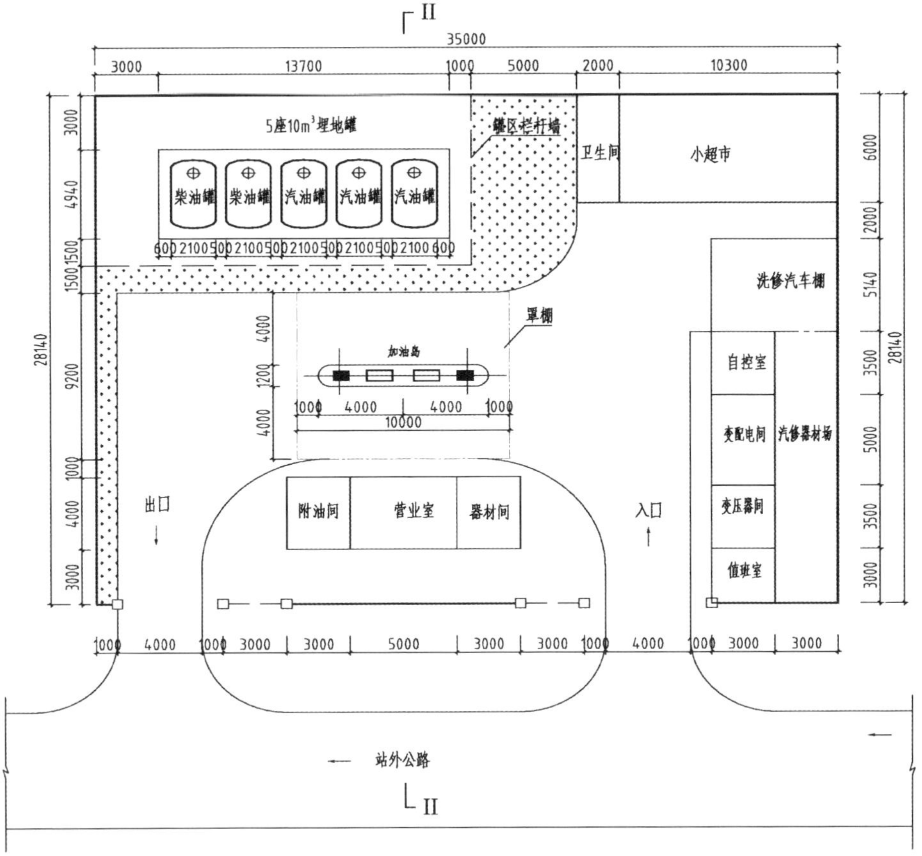

图 3-21 方案十二平面布置图

方案十二特点：

(1) 本方案是三级小型加油站，占地面积 985m²，业务用房建筑面积 162.8m²，洗修汽车棚面积 30.8m²。

(2) 本方案按新的经营理念，以方便顾客为宗旨，比国内常规加油站增设了小超市、公共卫生间、洗修汽车棚等公用建筑。

(3) 将这些公用建筑集中布置在紧靠围墙一角，可以减少干扰主要业务，减少站内混乱，使加油站相对安全。

(4) 业务用房集中一排相连布置，节省外墙、节省投资、缩短工期，方便管理、使用。与围墙之间保持 3m 的安全间距，用来作汽修器材场，既满足规范要求，又节约了土地面积，节省投资。

(5) 地下储罐集中一排相连布置，节省土地、节省投资、缩短工期，方便管理、使用。储罐布置在两围墙的夹角，远离大门和业务、公共用房，而且用栏杆墙隔离为专用储油区，提高了加油站的安全性。

（十三）平面布置方案十三

方案十三，平面布置如图 3-22 所示。

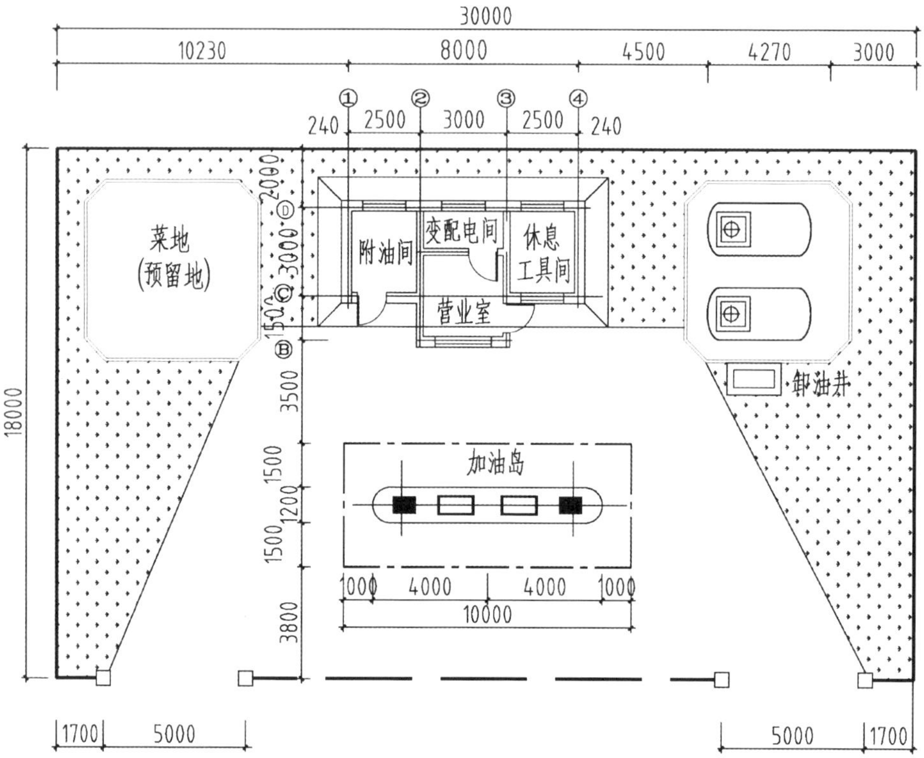

图 3-22 方案十三平面布置图

方案十三特点：

（1）本方案为两车道三级小型加油站，占地面积 540m^2，业务用房建筑面积 28.5m^2。

（2）平面布置特点是站房、罩棚、油罐及预留地以南北中轴线对称布置。

（十四）工艺施工设计举例

本加油站工艺施工设计举例由设计说明、工艺平面布置、工艺剖面及大样组成，如图 3-23(a)～(c)所示。

1.尺寸单位:图中尺寸、管径以毫米来计,标高以米来计,±0.00为站房室内地坪标高。室内外高差为0.30m。

2.设计依据:

(1)《汽车加油加气站设计与施工规范》(CB 50156—2002)

(2)《建筑设计防火规范》(GB 50016—2006);

(3)北京市政府部门相关规定、要求及其他相关规范、法令法规和有关规定等。

3.工艺系统说明

(1)加油站共设$25m^3$地下卧式金属油罐3座,其中汽油罐2座、柴油罐1座,设计总容量为$75m^3$,计算容量为$62.5m^3$(柴油罐按一半计算);

(2)加油站设加油车道两条,IC卡双枪电脑加油机两台,站内所有道路拐弯半径按$R\geqslant9.0m$设计,同时保证一条车道拐弯半径$R\geqslant12.0m$设计;

(3)卸油为自流卸油,汽油、柴油均采用密闭卸油方式,加油采用潜油泵泵送加油,汽油加油采用油气回收方式,要求加油机带油气回收泵,配油气回收加油枪;

(4)图中卸油井内快速接接头(阳单)应配备相应规格的配套快速接头闷盖;

(5)每座油罐均设带高液位报警的自动液位测量装置和人工液位测量两种方式;

(6)加油机、液位仪等设备必须由厂方指导安装,加油机基础及下部接机管道应根据加油机实际尺寸和接口位置进行调整;

(7)卸油管、通气管均坡向油罐,坡度均不得小于2.0‰。

4.管材与连接:

所有管道均采用20#热轧无缝钢管,管道连接均采用焊接方式,管道与阀门等附件连接采用法兰连接。

5.站房利用现有站房,罩棚采用网架结构,净高48m,设计耐火等级为二级:由于场地有限;

6.试压:

(1)卧式油罐、通气管及油管防腐前必须做水压试验:油罐装满水后,试压0.10MPa。

(2)通气管、油管按设计工作压力0.6MPa进行试压,试压更次按施工与验收规范要求执行。

7.防腐除锈:

(1)油罐外表面及埋地管道(含套管)外壁采用环氧煤沥青漆做特加强级防腐;

(2)油罐内壁采用H94按底漆二道,面漆二道进行防腐;

(3)地上管线除锈后,刷防锈底漆二道,面漆二道,防腐要求按施工与验收规范执行;

(4)防腐前除锈标准不得低于St3级;

(5)油罐与基础接触面垫浸沥青麻袋片两层,以免破坏防腐层。

8.相关说明:

(1)图中加油站油罐区按水源保护地设计,油罐采用箱式混凝土敷设方式,并设检漏装置;

(2)油罐四周0.3m内采用细土回填,上部采用人工夯实,罐区地面应坡向四周,并做硬化处理,防止地表水进入罐池内浸泡油罐。

9.防雷防静电做法及要求:

(1)站房、罩棚设避雷带(网)、加油机等设备做保护接地,做法及要求见电气图,接地电阻不大于4Ω;

(2)埋地油罐需做防雷防静电接地,每座油耀应至少两处接地,做法及要求见电气图,接地电阻不大于4Ω;

(3)所有法兰连接处均采用紫铜卡两处对称跨接,跨接后的两片法兰之间的电阻不大于0.03Ω;

(4)所有接地连线与管道交叉处均应与管道焊牢连接;

(5)密闭卸油点处设卸油用导静电夹,接地电阻要求不大于4Ω;

(6)接地体,接地连线等做法详见电气图及电气相关图集。

10.其他未尽事宜按施工与验收规范及其他现行规范和法令法规执行。

件号	名称	规格	材料	单位	数量	备注
1	$25m^3$卧式金属油罐	D=2.5m,L=5.134m	Q235-B	座	3	壁厚不小于6mm
2	税控加油机	双枪双油品		台	2	
3	液位探棒	mog50		个	3	配TLS-50二次表一块
4	潜油泵	0.75hp,STP75B		台	3	加油站专用
5	量油管	D108×5	无缝钢管	m	10	
6	量油帽	DN100	铸铝	个	5	
7	快速接头	DN80		个	5	
8	阻火器	DN80		个	1	
9	机械呼吸阀	DN80		个	1	EE:+2200Pa EE:-1600Pa
10	阻火防爆帽	DN80		个	1	
11	检漏管	D108×5	无缝钢管	m	6	
12	卸油管	D89×4	无缝钢管	m	14	
13	加油回气管	D57×4	无缝钢管	m	14	
14	卸油通气干管	D89×4	无缝钢管	m	16	
15	通气立管	D69×4	无缝钢管	m	10	
16	加油管	D57×4	无缝钢管	m	66	
17	法兰	D100		副	3	安装于检测管端部
18	法兰	D80		副	6	
19	法兰	D50		副	3	

图3-23（a） 加油站工艺设计说明

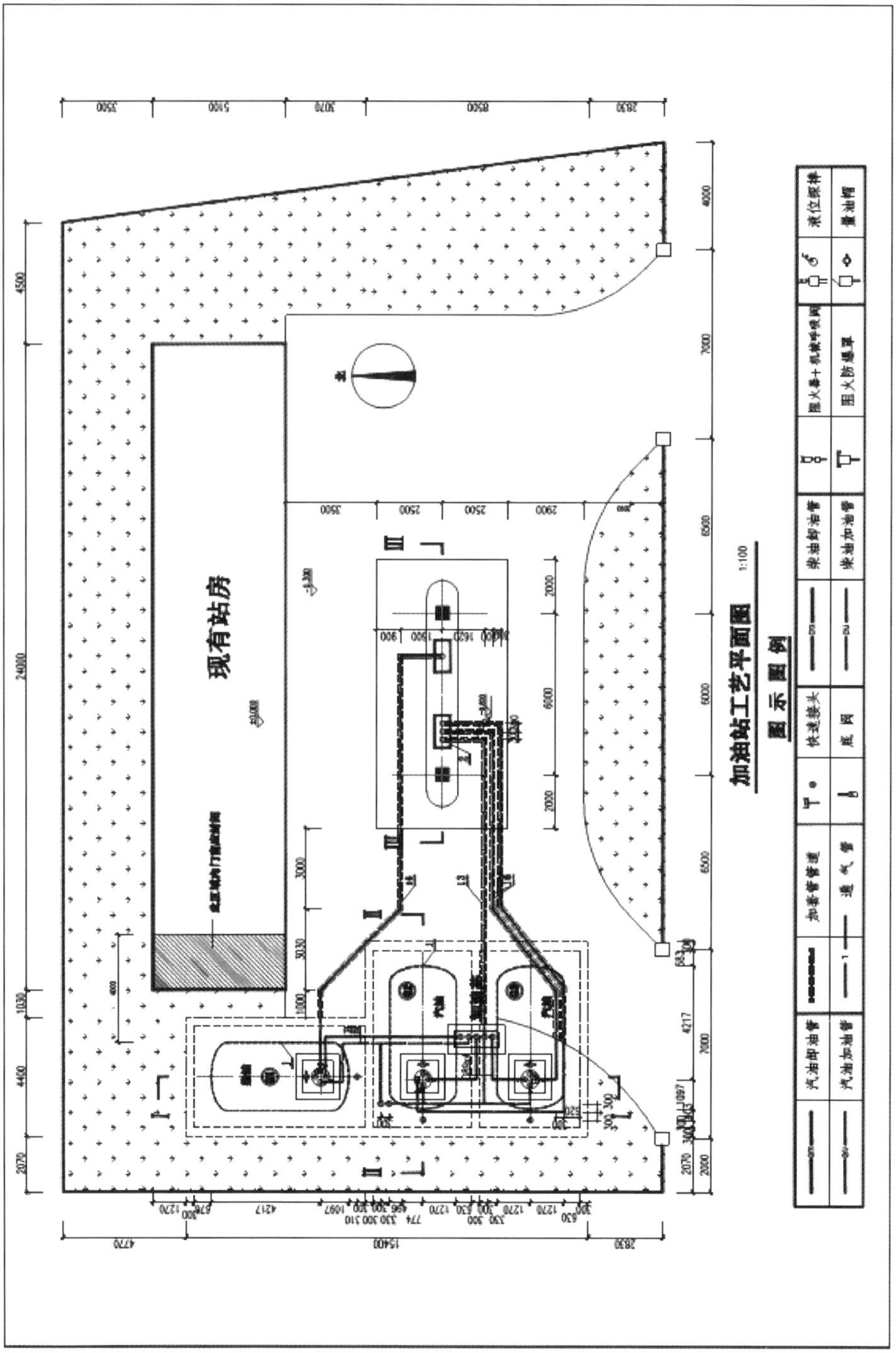

图3-23（b） 工艺平面布置（1：100）

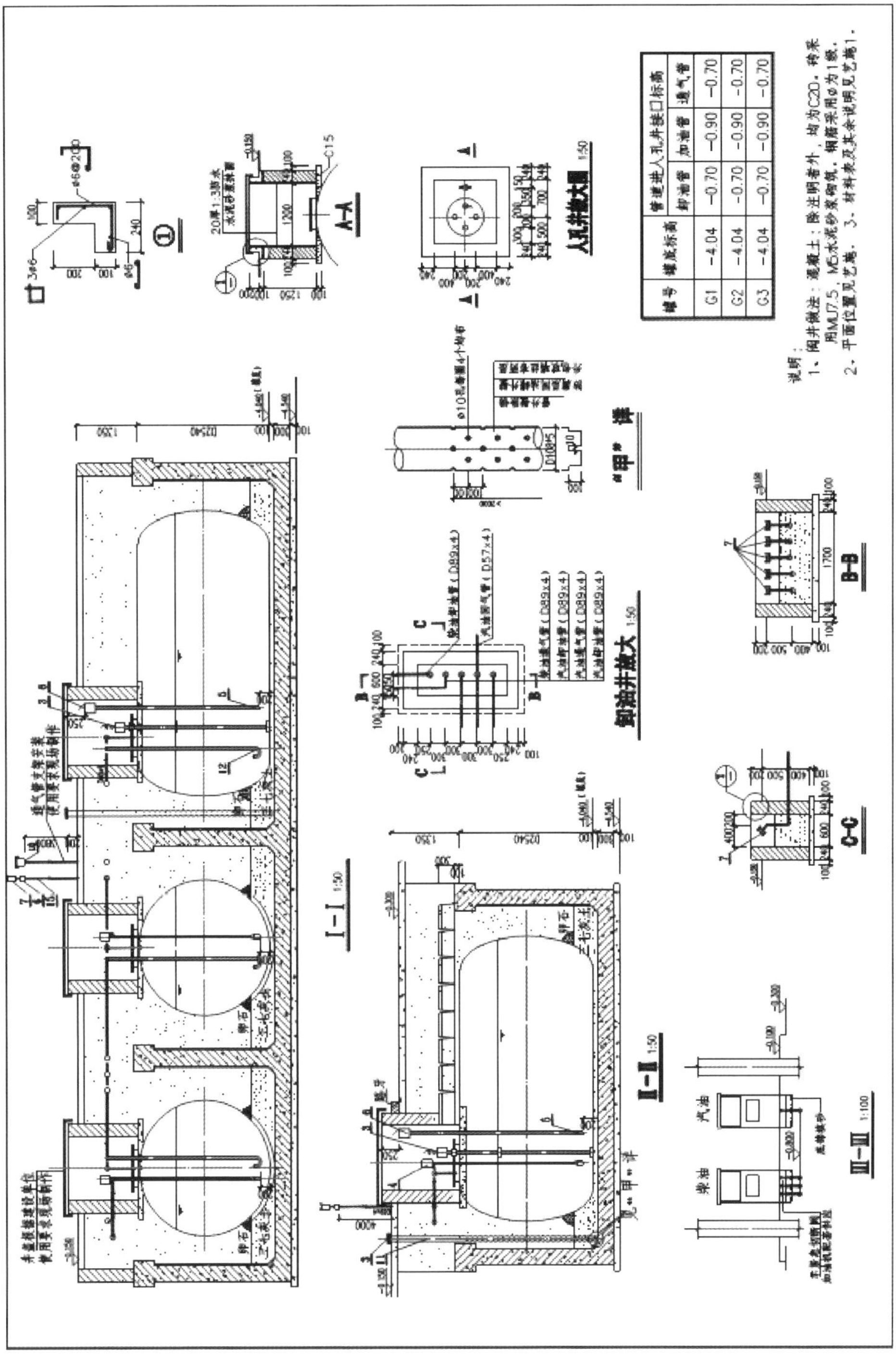
I—I 1:50
II—II 1:50
III—III 1:100
A—A
B—B
C—C
人孔井放大图 1:50
卸油井放大 1:50
“甲” 详
管道进人孔井接口标高
罐号
罐底标高
卸油管
加油管
通气管
G1 −4.04 −0.70 −0.90 −0.70
G2 −4.04 −0.70 −0.90 −0.70
G3 −4.04 −0.70 −0.90 −0.70
汽油
柴油

图3-23（c） 剖面及大样

本例说明：

本例是对某单位加油站的改造设计，利用了原站的站房和占地，按新规范的要求，重新安装了油罐和工艺管道，重新布置了加油场地和加油机，本例的特点是巧妙利用了原来占地。

本例主要展示了加油站工艺施工设计应达到的深度，最少应有哪些图组成等。

第二节　合建站总平面布置方案探讨

一、建设合建站的探索

加油站、加气站、充电站都是为汽车补充能源的场所，都分布在交通公路上，如果能够将两站合建或三站合建，应当是较合理的方案：一是站点布局数量在同一个交通网上可节省很多投资；二是合建站的总占地面积比分开单独建站的面积总和要少很多；三是合建站的服务性建筑可共用，建筑总面积比分开单独建站的建筑面积总和要少很多；四是合建站的管理人员编制人数比分开单独建站的管理人员编制人数总和要少很多；五是合建站的共用设备数量比分开单独建站的共用设备数量总和要少很多；六是合建站管理体制比分开单独建站的管理体制简单得多。可见，合建站优点确实不少。加油站在全国已建有 10 多万座，若在加油站扩建加气站或充电站，将使加气站和充电站的建设速度加快很多，而其建设成本却减少很多，对加气汽车和充电汽车的产业发展大有好处。

但是合建站，特别是三站的合建，目前国内尚未见到，同时合建站也少有专门的规范支持。目前只有 GB 50156—2012《汽车加油加气站设计与施工规范》这一规范提到对合建站的规定，对加油站与加气站的合建提得较充分，但对与充电站的合建，该规范只在第 5 章 5. 0. 7 条提到“电动汽车充电设施应布置在辅助服务区内”。本书对建设合建站进行了探索，作者在此书中大胆设计了 10 个不同组合形式的合建站，供建设合建站者参考。

若有想建合建站者，应结合当地实际，请权威专家充分讨论后提出方案，须贯彻规范要求，采取相应安全措施，并请相关部门审查批准后，才能作为试点工程试建、试用，试用中要采取安全措施，确保安全，并注意总结经验。

在试建合建站中，若有相应规范发布，应严格执行新的相应规范。

二、 合建站建设的原则

加油加气合建站工程虽小，但它地处城镇交通要道，与城镇环保、美观和安全有密切关系，所以加油加气站建设应遵循下列原则。

(1) 加油加气合建站建设应遵循国家和行业有关能源、交通、环保、安全等方针、政策。

(2) 加油加气合建站的建设应以 GB 50156—2012《汽车加油加气站设计与施工规范》和行业的有关标准为依据。

(3) 加油加气合建站建设应统筹规划，因地制宜。应与城镇建设相适应，与当地周围建筑相协调。

(4) 加油加气合建站建设应做到经济实用、安全可靠、工艺合理、技术先进、方便供应、便于管理、便于施工、便于维修。

(5) 加油加气合建站建设必须贯彻"三先三后"的原则，即：先申报，后立项；先设计，后施工；先验收，后使用。要严密组织、周密计划、加强管理、搞好协作，保证工程质量。

(6) 大型加油加气合建站的建设应经过调查研究、科学论证、经济评估，应具有良好的经济效益和社会效益，站址应选好，规模应适当，应不影响所在城镇的发展规划，不影响城镇的环保、美观和安全。

三、 合建站总平面布置方案探讨

(一) 加油加气合建站总平面布置方案探讨

1. 加油加气合建站设计遵循原则

加油加气合建站是加油站与加气站的两站合建，设计应遵循两种站相应的规范。除应遵循 GB 50156—2012《汽车加油加气站设计与施工规范》外，还应遵循 NB/T 1001—2011《液化天然气(LNG)汽车加气站技术规范》等标准。

另外还应根据合建站选点位置、站址周边道路布设情况、购地划定的红线、设计任务书中确定的规模和要求等进行。

2. 加油加气合建站总平面布置方案举例

(1) 总平面布置方案一，平面布置如图 3-24 所示。

方案一特点：

① 本方案是 4 车道加油加气双功能合建站。占地面积 1668.2m^2，房屋建筑面积 243m^2，洗修汽车棚 84m^2，6 个停车位面积 120m^2。

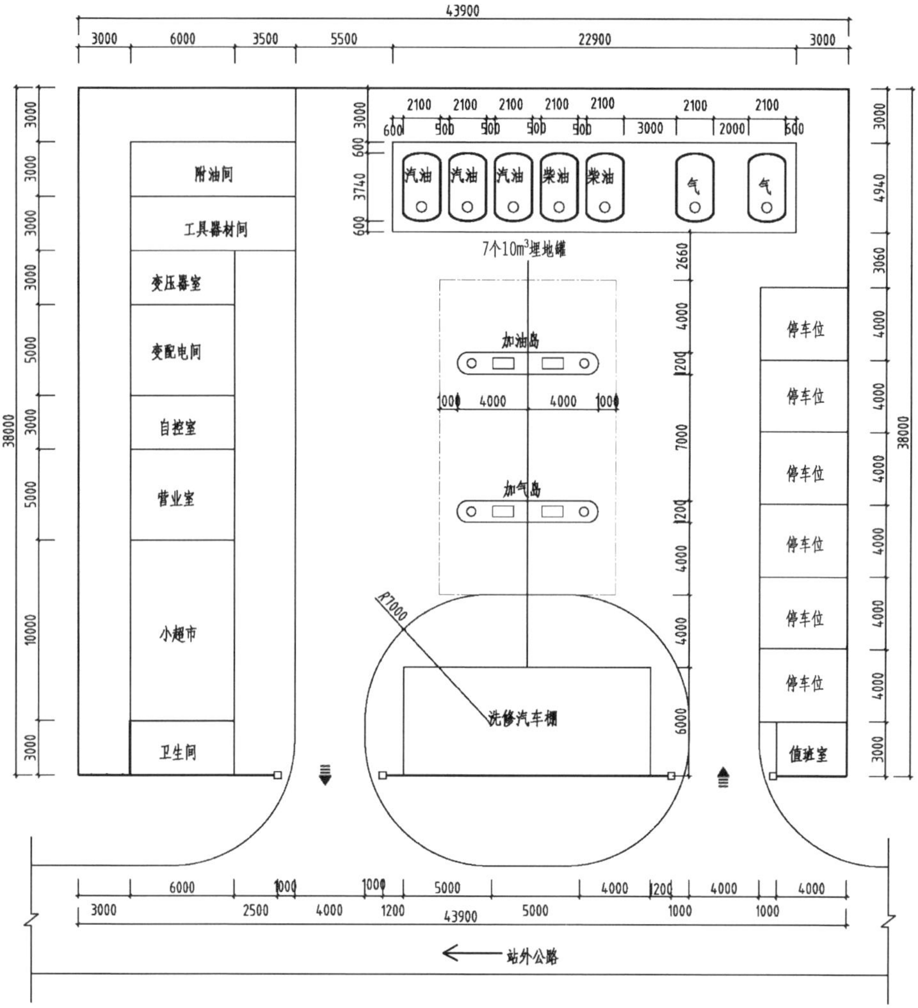

图 3-24 平面布置方案一

② 本方案按新的经营理念，以方便顾客为宗旨，比国内常规站增设了小超市、公共卫生间、洗修汽车棚、停车场等公用建筑。

③ 房屋集中一排相连布置，节省外墙、节省投资、缩短工期，方便管理、使用。

④ 地下储罐集中一排相连布置，节省土地、节省投资、缩短工期，方便管理、使用。且布置在远离大门的地方，提高了站内安全性。

⑤ 小超市、公共卫生间、停车场等公用建筑靠两边大门两侧布置，可以减少干扰业务工作，减少站内混乱，使站内相对安全。

（2）总平面布置方案二，平面布置如图 3-25 所示。

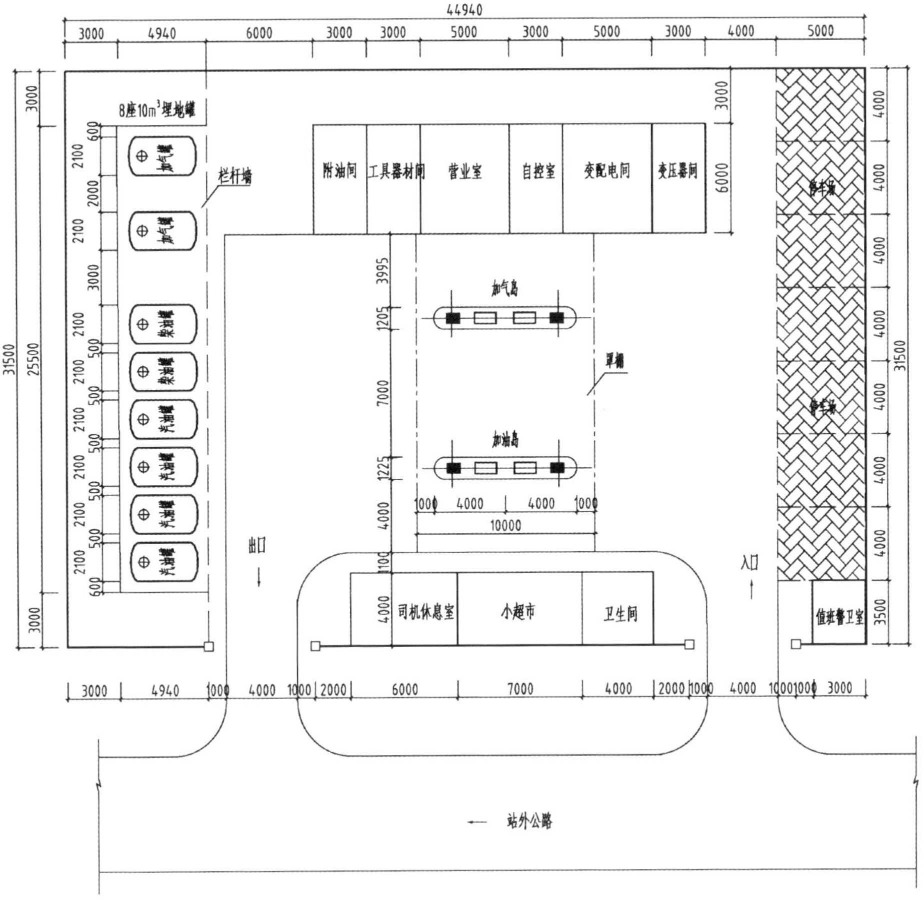

图 3-25　平面布置方案二

方案二特点：

① 本方案是 4 车道加油加气双功能合建站。占地面积 1415.6m^2，房屋建筑面积 210.5m^2，7 个停车位面积 140m^2。

② 本方案按新的经营理念，以方便顾客为宗旨，比国内常规站增设了小超市、公共卫生间、司机休息室、停车场等公用建筑。

③ 房屋集中两排相连布置，节省外墙、节省投资、缩短工期，方便管理、使用。

④ 地下储罐集中一排相连布置，节省土地、节省投资、缩短工期，方便管理、使用。储罐靠围墙布置，且加栏杆墙封闭，提高了站内安全性。

⑤ 小超市、公共卫生间、司机休息室、停车场等公用建筑靠大门、靠围墙

布置，可以减少干扰业务工作，减少站内混乱，使站内相对安全。

（3）总平面布置方案三，平面布置如图 3-26 所示。

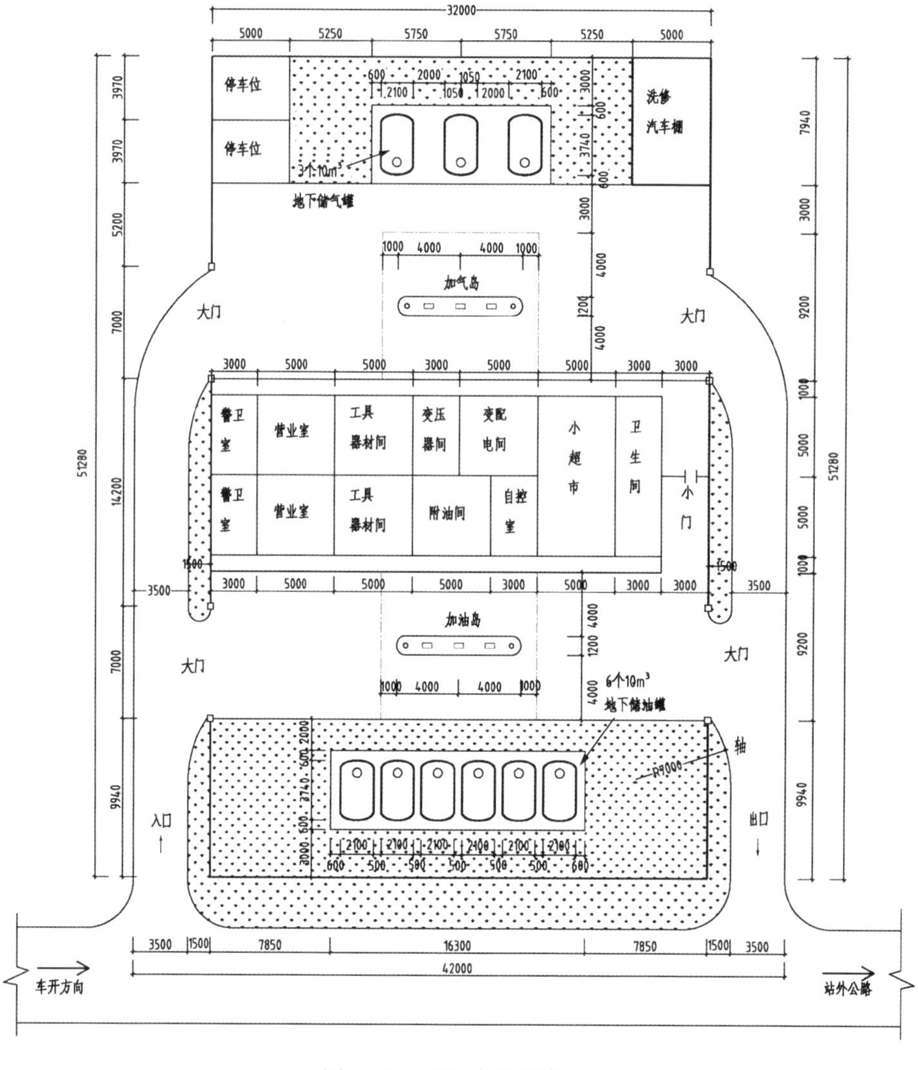

图 3-26　平面布置方案三

方案三特点：

① 本方案是 4 车道加油加气双功能合建站。占地面积 2023m^2，房屋建筑面积 290m^2，洗车棚 39.7m^2，2 个停车位面积 39.7m^2。

② 本方案的显著特点是沿围墙设两条汽车道路，设 4 个大门，将加油与加气两种业务分开在两个院子进行，可采取分开独立经营的新管理模式，以提高经

济效益，而且可扩大气罐和油罐的储量，提高站的等级。

③ 业务及公共用房集中相连布置，节省外墙、节省投资、缩短工期，方便管理、使用。

④ 本方案按新的经营理念，以方便顾客为宗旨，比国内常规站增设了小超市、公共卫生间、洗修汽车棚、停车场等公用建筑。

⑤ 将气罐与加气场所，布置在远离站外公路的位置，相对安全。

(4) 总平面布置方案四，平面布置如图 3-27 所示。

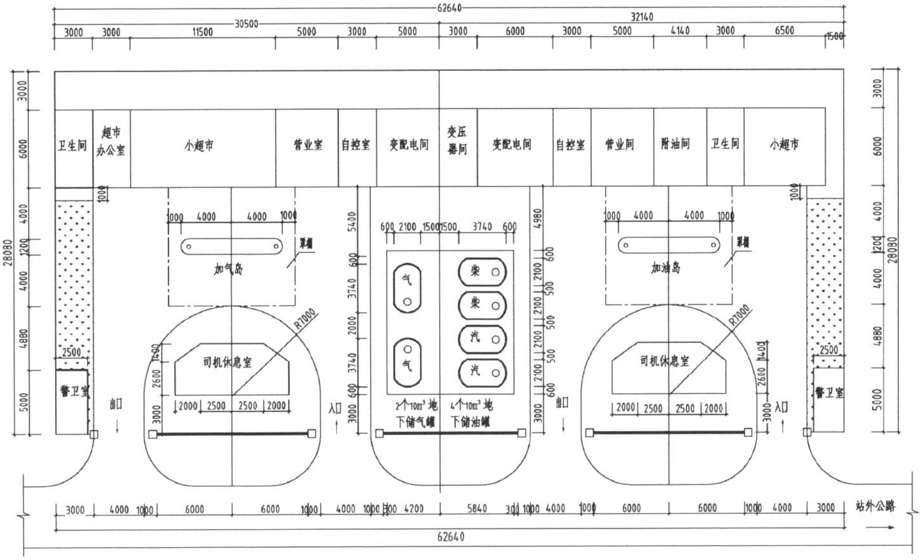

图 3-27　平面布置方案四

方案四特点：

① 本方案是 4 车道加油加气双功能合建站。占地面积 $1759m^2$，房屋建筑面积 $450m^2$。

② 本方案的显著特点是设 4 个大门，将加油与加气两种业务分开在两个院子进行，可采取分开独立经营的新管理模式，以提高经济效益。

③ 大部分业务及公共用房集中相连布置，节省外墙、节省投资、缩短工期，方便管理、使用。

④ 本方案按新的经营理念，以方便顾客为宗旨，比国内常规站增设了小超市、公共卫生间、司机休息室等公用建筑。

⑤ 6 个地下储罐集中布置，气罐与油罐又用墙相隔，提高了站内安全性。

3. 加油加气合建站总平面布置方案点评

（1）上述4个方案完全符合 GB 50156—2012 的规定，满足站内建(构)筑物之间防火距离的要求，在深度设计时再按规范规定精确核准调整防火距离即可。

（2）4个方案形式各异，方案一、二是两站合建在同一个院内，占地面积相对小一点，方案三、四是两站分建在两个院内，占地面积相对大一点。4个方案长宽比例不同，储罐容量、服务性建筑及停车位多少不同。4个方案各有优劣，建站时可根据实际需要选用。

（二）加油充电合建站总平面布置方案探讨

1. 加油充电合建站形式

加油充电合建站是加油站与充电站的合建，而充电站又有单纯的充电站、换电池站与充电换电池站三种形式，因此加油充电合建站也可有加油与单纯充电合建站、加油与换电池合建站、加油与充电换电池合建站等三种形式。

2. 加油充电合建站设计遵循原则

加油充电合建站是加油站与充电站的合建，设计应遵循两种站相应的规范。

对于加油站的设计应遵循 GB 50156—2012《汽车加油加气站设计与施工规范》；对于充电站的设计应遵循 GB 50966—2014《电动汽车充电站设计规范》、GB/T 29781—2013《电动汽车充电站通用要求》等标准。

另外，还应根据合建站选点位置、站址周边道路布设情况、购地划定的红线、设计任务书中确定的规模和要求等进行。

3. 加油充电合建站总平面布置方案举例

加油充电合建站的三种形式，设计方案举例如下，以供参考。

（1）总平面布置方案一，平面布置如图 3-28 所示。

方案一特点：

① 本方案是4车道加油、充电、换电池三功能合建站，占地面积 $1990m^2$，房屋建筑面积 $420m^2$。

② 本方案的显著特点是沿围墙设两条汽车道路，设4个大门，将加油与充、换电两种业务分开在两个院子进行，可采取分开独立经营的新管理模式，以提高经济效益，而且可扩大油罐的储量，提高加油站的等级。

③ 业务及公共用房集中相连布置，节省外墙、节省投资、缩短工期，方便管理、使用。

④ 本方案按新的经营理念，以方便顾客为宗旨，比国内常规站增设了小超市、公共卫生间等公用建筑。

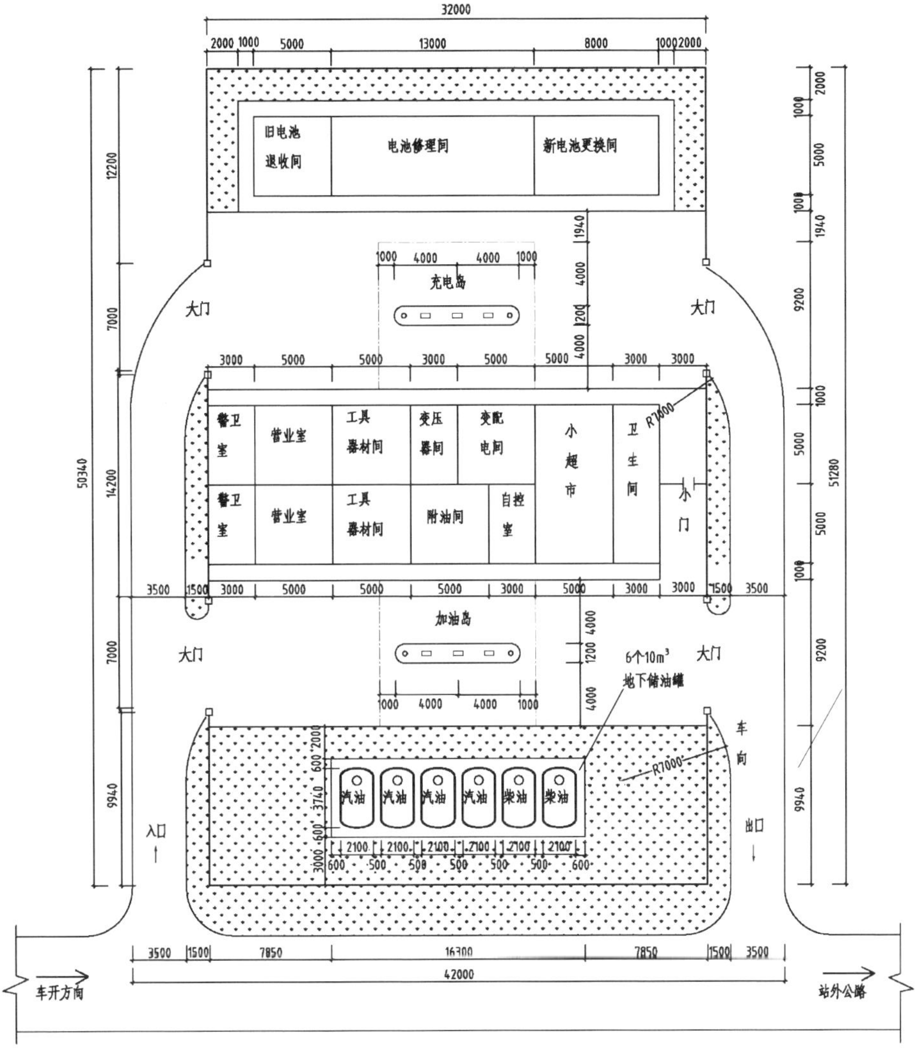

图 3-28　平面布置方案一

⑤ 将作业较频繁的加油作业布置在靠近公路处，相对减少了与充电、换电池作业的交叉，提高了经营效益和社会效益及作业的安全性。

(2) 总平面布置方案二，平面布置如图 3-29 所示。

方案二特点：

① 本方案是 4 车道加油、充电、换电池三功能合建站，占地面积 2030m^2，房屋建筑面积 420m^2，2 个停车位面积 39.7m^2。

② 本方案的显著特点是沿围墙设两条汽车道路，设 4 个大门，将加油与充、换电两种业务分开在两个院子进行，可采取分开独立经营的新管理模式，以提高

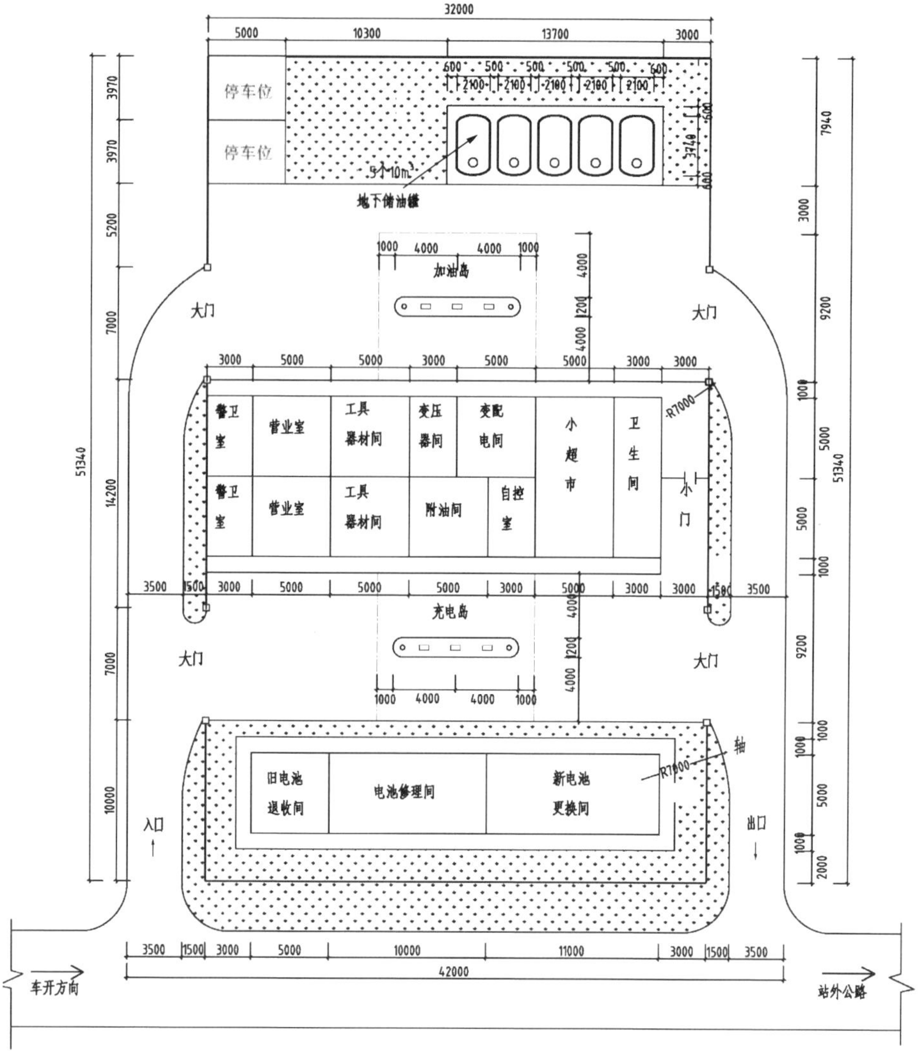

图 3-29　平面布置方案二

经济效益，而且可扩大油罐的储量，提高加油站的等级。

③ 业务及公共用房集中相连布置，节省外墙、节省投资、缩短工期，方便管理、使用。

④ 本方案按新的经营理念，以方便顾客为宗旨，比国内常规站增设了停车位、小超市、公共卫生间等公用建筑。

⑤ 将油罐集中一排布置，减少了站内占地面积。将油罐集中布置在远离大门的后方，提高了站的安全度。

（3）总平面布置方案三，平面布置如图 3-30 所示。

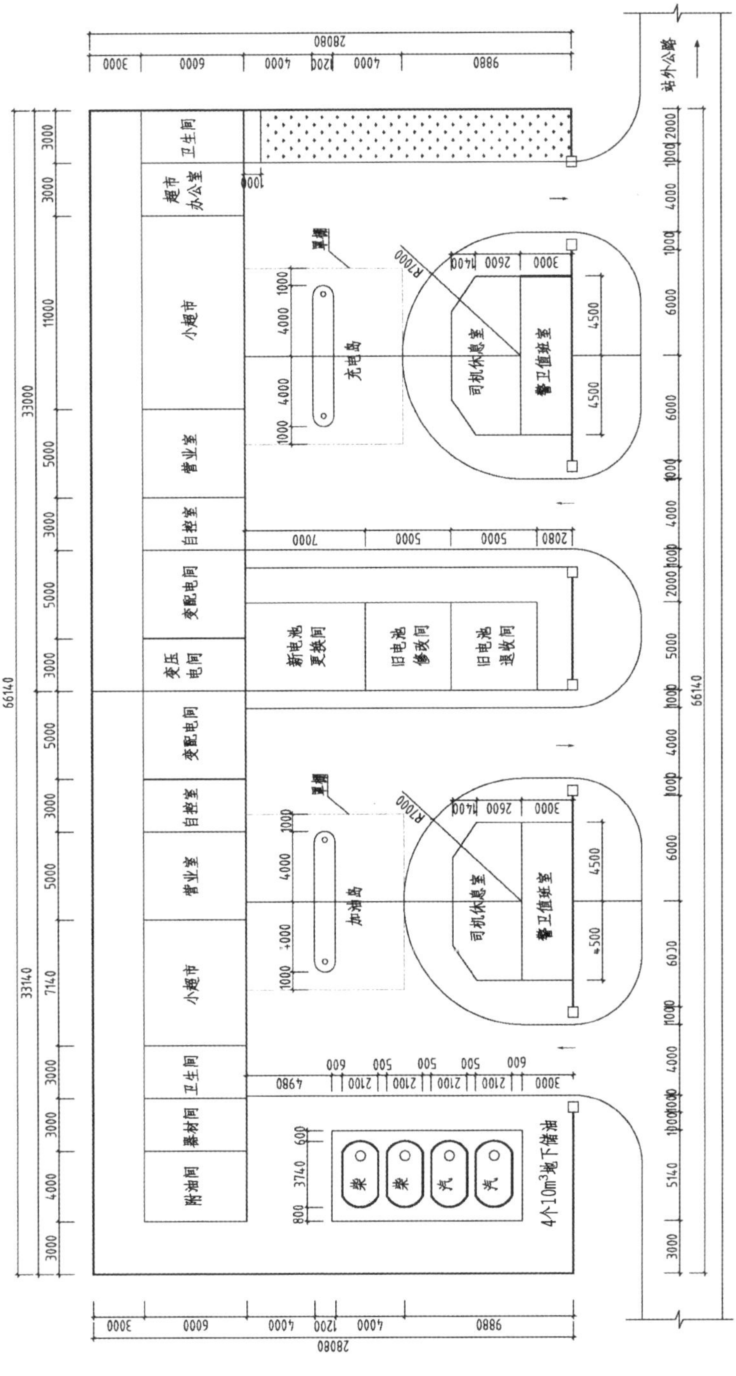

图3-30 平面布置方案三

方案三特点：

① 本方案是4车道加油、充电、换电池三功能合建站，占地面积1857m²，房屋建筑面积580m²。加油设两条车道，充电、换电各设一条车道。

② 本方案的显著特点是设4个大门，将加油与充电、换电池两功能业务分开在两个院子进行，可采取分开独立经营的管理新模式，以提高经济效益。

③ 业务及公共用房集中相连布置，节省外墙、节省投资、缩短工期，方便管理、使用。

④ 本方案按新的经营理念，以方便顾客为宗旨，比国内常规站增设了小超市、公共卫生间、司机休息室等公用建筑。

4. 加油充电合建站总平面布置方案点评

（1）上述3个方案均符合GB 50156—2012第5章5.0.7条提出的"电动汽车充电设施应布置在辅助服务区内"的规定。3个方案都将合建站的两个站分隔开在两个院子，相对更加安全，作业不相互干扰。

（2）方案一、二平面布置类似，南北长，方案三东西长。其他功能三个方案相似，建站时可根据实际需要选用。

（三）加油加气充电合建站总平面布置方案探讨

1. 加油加气充电合建站形式

加油加气充电合建站是加油站、加气站与充电站的合建站，而充电站又有单纯的充电站、换电站、充电换电池站三种形式，因此加油加气充电合建站也可有加油加气与单纯充电合建站、加油加气与换电池合建站、加油加气与充电换电池合建站等三种形式。

2. 加油加气充电合建站设计遵循原则

加油加气充电合建站是加油站、加气站与充电站的合建站，设计应遵循三种站的相关规范。

对于加油站、加气站的设计应遵循GB 50156—2012《汽车加油加气站设计与施工规范》和NB/T 1001—2011《液化天然气(LNG)汽车加气站技术规范》等标准。对于充电站的设计应遵循GB 50966—2014《电动汽车充电站设计规范》、GB/T 29781—2013《电动汽车充电站通用要求》等标准。

另外，还应根据合建站选点位置、站址周边道路布设情况、购地划定的红线、设计任务书中确定的规模和要求等进行。

3. 加油加气充电合建站总平面布置方案举例

加油加气充电合建站的三种形式，设计方案举例如下，以供参考。

(1) 总平面布置方案一，平面布置如图 3-31 所示。

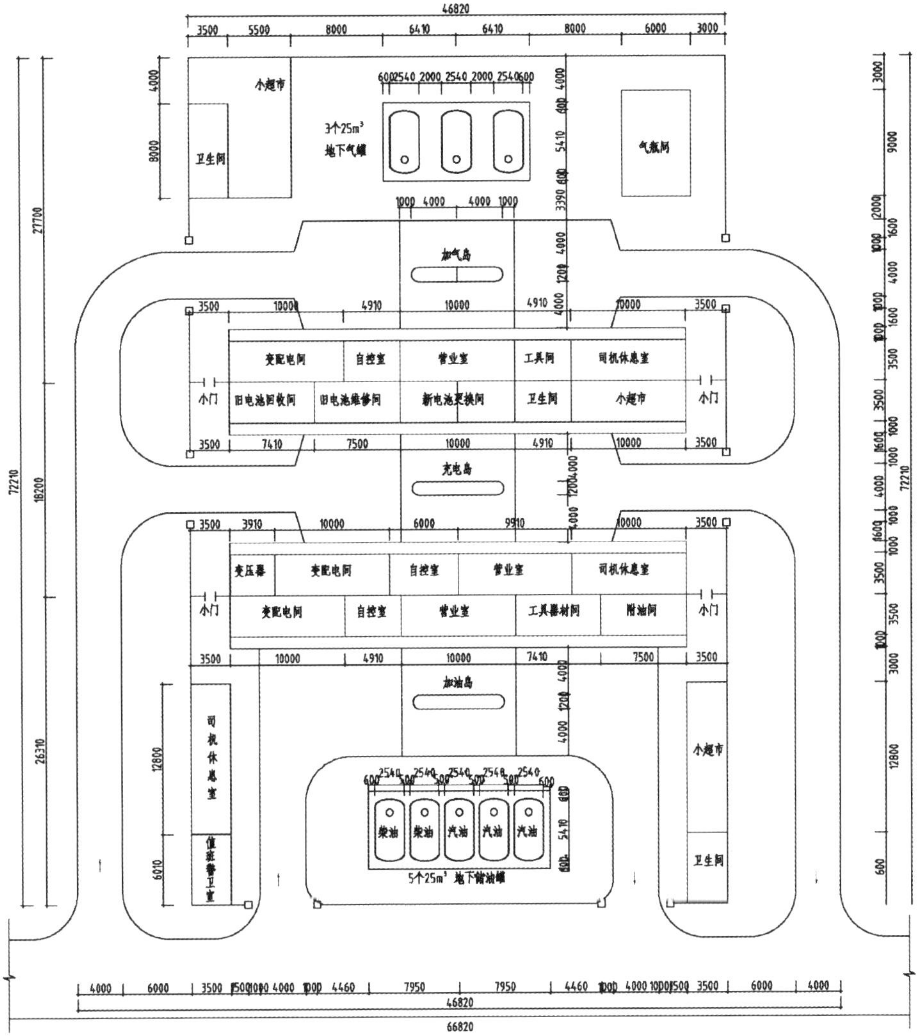

图 3-31 平面布置方案一

方案一特点：

① 本方案是加油、加气、充电、换电池四功能合建站，占地面积 4225m^2，房屋建筑面积 862m^2。加油、加气各设两条车道，充电设一条快速充电车道，换电池设一条车道。

② 加油、加气、充电、换电池站都是为汽车提供能源的场所，将 4 种功能的站合建，大大减少了单独设站的数量，减少了占地面积，减少了业务用房，节

约了投资，减少了管理人员，节约了经营成本，提高了经济效益和社会效益，有条件时应尽量建这种合建站。

③ 业务及公共用房集中相连布置，节省外墙、节省投资、缩短工期，方便管理、使用。

④ 本方案按新的经营理念，以方便顾客为宗旨，比国内常规站增设了小超市、公共卫生间、司机休息室等公用建筑。

⑤ 将油罐和气罐集中分两排布置，减少了站内占地面积，且将最危险的气罐集中布置在远离大门的后方，并加栏杆墙与其他场所隔开，提高了站的安全性。

⑥ 本方案利用外车道将加油站、加气站、充电换电站分成 3 个小院，可分开经营核算，增加了经营管理的灵活性。

（2）总平面布置方案二，平面布置如图 3-32 所示。

方案二特点：

① 本方案是加油、加气、充电、换电池四功能合建站，占地面积 2691m^2，房屋建筑面积 928.6m^2。加油、加气各设两条车道，充电设一条快速充电车道，换电池设一条车道。

② 加油站、加气站、充电站、换电池站都是为汽车提供能源的场所，将 4 种功能的站合建，大大减少了单独设站的数量，减少了占地面积，减少了业务用房，节约了投资，减少了管理人员，节约了经营成本，提高了经济效益和社会效益，有条件时应尽量建这种合建站。

③ 本方案的显著特点是设 6 个大门，将加油、加气与充电换电三种业务分开在三个院子进行，可采取分开独立经营的管理新模式，以提高经济效益。

④ 大部业务及公共用房集中相连一条线布置，节省外墙、节省投资、缩短工期，方便管理、使用。

⑤ 将储罐集中一排布置，节约占地。将这些危险源集中布置，减少了对其他建（构）筑物的安全影响，从而提高了整个站的安全性。

⑥ 本方案按新的经营理念，以方便顾客为宗旨，比国内常规站增设了小超市、公共卫生间、司机休息室等公用建筑。

（3）总平面布置方案三，平面布置如图 3-33 所示。

方案三特点：

① 本方案是加油、加气、充电、换电池四功能合建站，占地面积 2629m^2，房屋建筑面积 882m^2。加油、加气各设两条车道，充电设一条快速充电车道，换电池设一条车道。

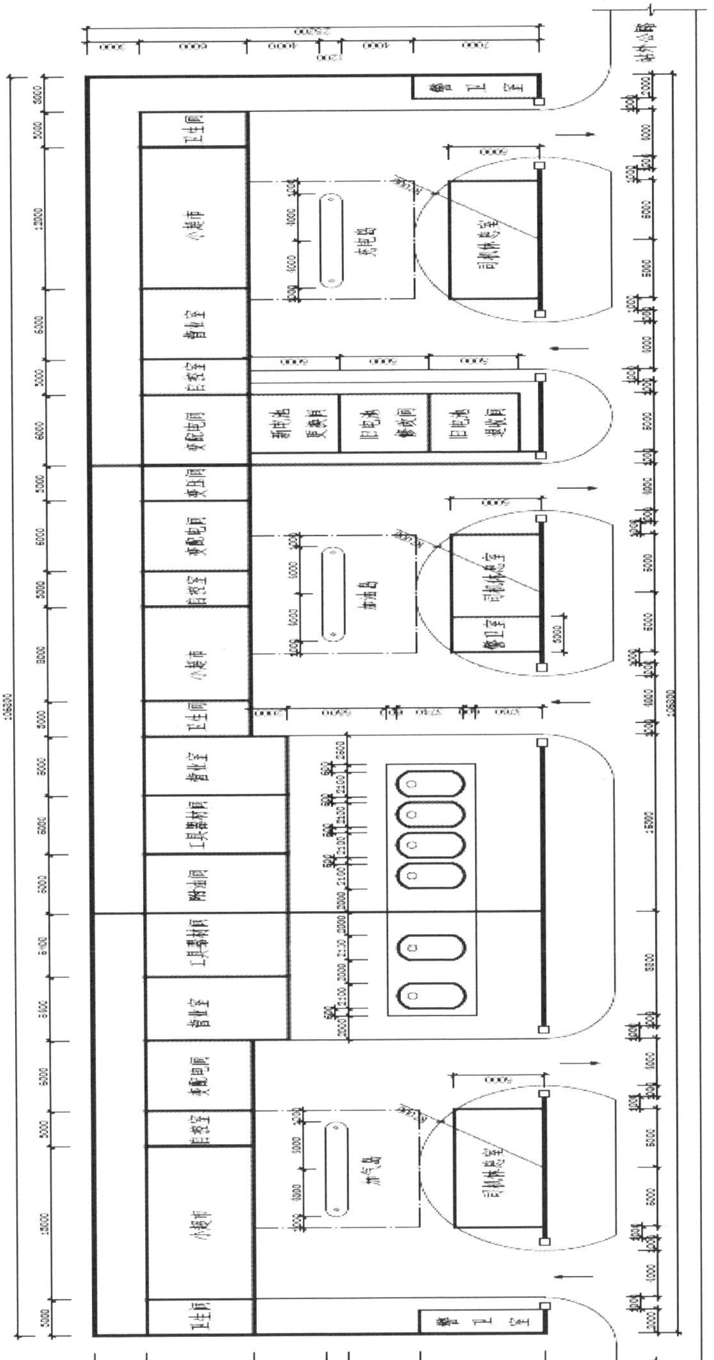

图3-32 平面布置方案二

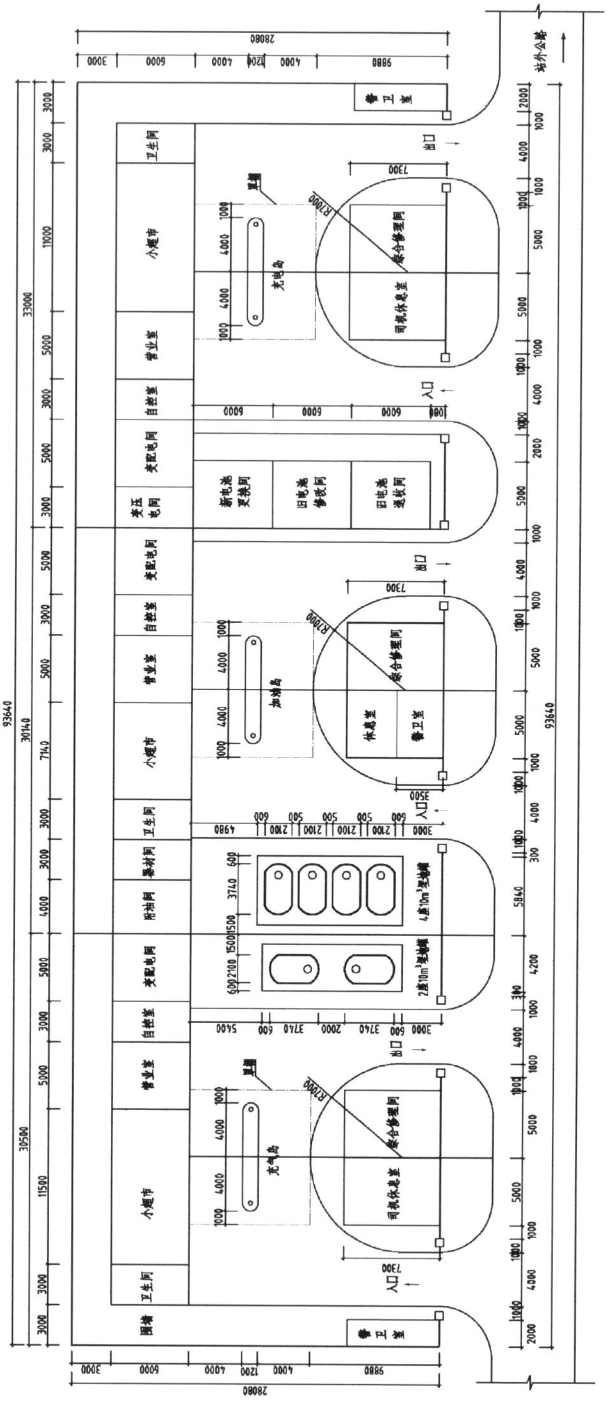

图3-33 平面布置方案三

② 加油站、加气站、充电站、换电池站都是为汽车提供能源的场所，将 4 种功能的站合建，大大减少了单独设站的数量，减少了占地面积，减少了业务用房，节约了投资，减少了管理人员，节约了经营成本，提高了经济效益和社会效益，有条件时应尽量建这种合建站。

③ 本方案的显著特点是设 6 个大门，将加油、加气与充电换电三种业务分开在三个院子进行，可采取分开独立经营的管理新模式，以提高经济效益。

④ 大部分业务及公共用房集中相连一条线布置，节省外墙、节省投资、缩短工期，方便管理、使用。

⑤ 将储罐集中布置，节约占地。将这些危险源集中布置，减少了对其他建(构)筑物的安全影响，并用墙将气罐与油罐隔开，从而提高了整个站的安全性。

⑥ 本方案按新的经营理念，以方便顾客为宗旨，比国内常规站增设了小超市、公共卫生间、司机休息室等公用建筑。

⑦ 本方案与方案八大同小异，两者差别主要是气罐和油罐的布置有所改变，所以造成站占地的长宽比例的改变。

4. 加油加气充电合建站总平面布置方案点评

(1) 上述 3 个方案均符合 GB 50156—2012 第 5 章 5.0.7 条中提出的“电动汽车充电设施应布置在辅助服务区内”的规定。3 个方案都将合建站的 3 个站分隔开在 3 个院子，相对更加安全，作业不相互干扰。

(2) 方案二、三平面布置类似，6 个大门都向同一方向开，方案一 6 个大门向 3 个方向开。其他功能三个方案相似，建站时可根据实际需要选用。

第四章　加油站油罐的选择与安装

第一节　加油站油罐的种类及选择

一、 加油站油罐的种类

加油站储油容量较小，基本上不用立式油罐，多为卧式圆筒形油罐。

卧式圆筒形油罐按其两端封头的形状又可分为卧式平顶油罐、卧式锥顶油罐和卧式拱顶油罐，拱顶形似蝶形，故卧式拱顶油罐又称卧式蝶形油罐。

卧式圆筒形油罐按其罐体结构和层数，可分为单层壁罐、双层壁罐和复合壁罐。

卧式圆筒形油罐按其选用材质，可分为钢质罐和非金属罐。非金属罐目前推荐采用的多为玻璃纤维增强塑料罐。

二、 加油站油罐的选择

（一）卧式油罐形状与大小选择

1. 罐形比较

卧式油罐三种罐形比较，平顶罐加工制作简单容易，但受力较差，承受压力小；拱顶罐加工制作难度较大，需要冲压，但受力较好，承受压力大；锥顶罐为两者居中。

2. 罐形选择

土埋式油罐，需承受土壤的外压力，选择卧式拱顶油罐为好。地上设置的油罐，选用锥顶或平顶也可。能承压压力大的油罐，油罐的蒸发损耗较小，从这种意义上考虑，选用卧式拱顶油罐较为合理。

3. 罐大小选择

加油站油罐的单罐容量随加油站等级而不同，在 GB 50156—2012《汽车加油加气站设计与施工规范》中规定：一级和二级加油站单罐容量应不大于 $50m^3$；三级加油站的汽油罐容量不大于 $30m^3$，柴油罐容量不大于 $50m^3$。

（二）规范对加油站油罐选用的要求

GB 50156—2012《汽车加油加气站设计与施工规范》中，对加油站油罐的选用有如下要求。

（1）汽车加油站的储油罐，应采用卧式油罐。

（2）埋地油罐需要采用双层油罐时，可采用双层钢制油罐、双层玻璃纤维增强塑料油罐、内钢外玻璃纤维增强塑料双层油罐。既有加油站的埋地单层钢制油罐改造为双层油罐时，可采用玻璃纤维增强塑料等满足强度和防渗要求的材料进行衬里改造。

（3）单层钢制油罐、双层钢制油罐和内钢外玻璃纤维增强塑料双层油罐的内层罐的罐体结构设计，可按现行行业标准 AQ 3020—2008《钢制常压储罐 第一部分：储存对水有污染的易燃和不易燃液体的埋地卧式圆筒形单层和双层储罐》的有关规定执行，并应符合下列规定：

① 钢制油罐的罐体和封头所用钢板的公称厚度，不应小于表 4-1 中的规定。

表 4-1 钢制油罐的罐体和封头所用钢板的公称厚度 mm

油罐公称直径	单层油罐、双层油罐内层罐罐体和封头公称厚度		双层钢制油罐外层罐罐体和封头公称厚度	
	罐体	封头	罐体	封头
800~1600	5	6	4	5
1601~2500	6	7	5	6
2501~3000	7	8	5	6

② 钢制油罐的设计内压不应低于 0.08MPa。

（4）双层玻璃纤维增强塑料油罐的内、外层壁厚，以及内钢外玻璃纤维增强塑料双层油罐的外层壁厚，均不应小于 4mm。

（5）与罐内油品直接接触的玻璃纤维增强塑料等非金属层，应满足消除油品静电荷的要求，其表面电阻率应小于 $10^9\Omega$；当表面电阻率无法满足小于 $10^9\Omega$ 的要求时，应在罐内安装能够消除油品静电电荷的物体。消除油品静电电荷的物体可为浸入油品中的钢板，也可为钢制的进油立管、出油管等金属物，其表面积之和不应小于式(4-1)的计算值。安装在罐内的静电消除物体应接地，其接地电阻应符合 AQ 3020—2008 第 11.2 节的有关规定。

$$A=0.04V_t \tag{4-1}$$

式中 A——浸入油品中的金属物表面积之和，m^2；

V_t——储罐容积，m^3。

（6）双层油罐内壁与外壁之间应有满足渗漏检测要求的贯通间隙。

（7）双层钢制油罐、内钢外玻璃纤维增强塑料双层油罐和玻璃纤维增强塑料等非金属防渗衬里的双层油罐，应设渗漏检测立管，并应符合下列规定：

① 检测立管应采用钢管，直径宜为 80mm，壁厚不宜小于 4mm。

② 检测立管应位于油罐顶部的纵向中心线上。

③ 检测立管的底部管口应与油罐内、外壁间隙相连通，顶部管口应装防尘盖。

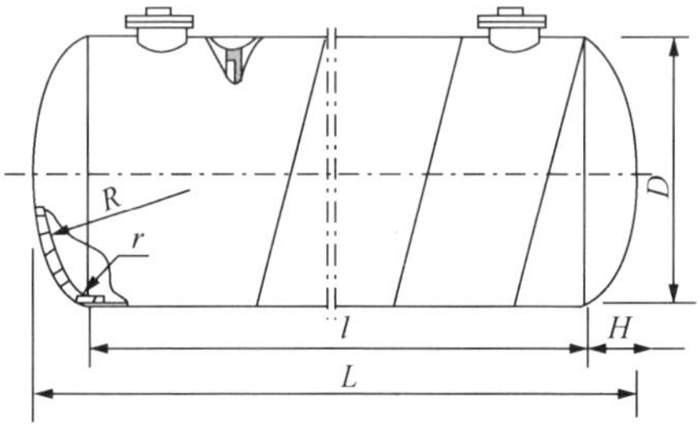

图 4-1 地上螺旋卧式油罐示意图

④ 检测立管应满足人工检测和在线监测的要求，并应保证油罐内、外壁任何部位出现渗漏均能被发现。

（8）油罐应采用钢制人孔盖。

（三）卧式钢制单层油罐的系列产品

（1）某工厂生产的卧式钢制单层罐系列见图 4-1、表 4-2 和图 4-2、表 4-3。

（2）地方卧式油罐系列，见表 4-4 和表 4-5。

表 4-2 地上螺旋卧式油罐系列表

公称容积/m^3	实际容积/m^3	尺寸/mm						
		D	R	Y	H	I	L	加强环
10	11.78	ϕ2100	2100	210	411	2803	3652	∠75×50×6 角钢
15	16.38	ϕ2100	2100	210	406	4130	4942	
20	21.05	ϕ2540	2540	250	492	8430	4414	∠90×56×6 角钢
25	24.50	ϕ2540	2540	250	497	4140	5134	
35	34.85	ϕ2540	2540	250	497	6160	7154	
50	52.15	ϕ2540	2540	250	497	9620	10614	
80	79.15	ϕ2540	2540	250	497	15110	16104	

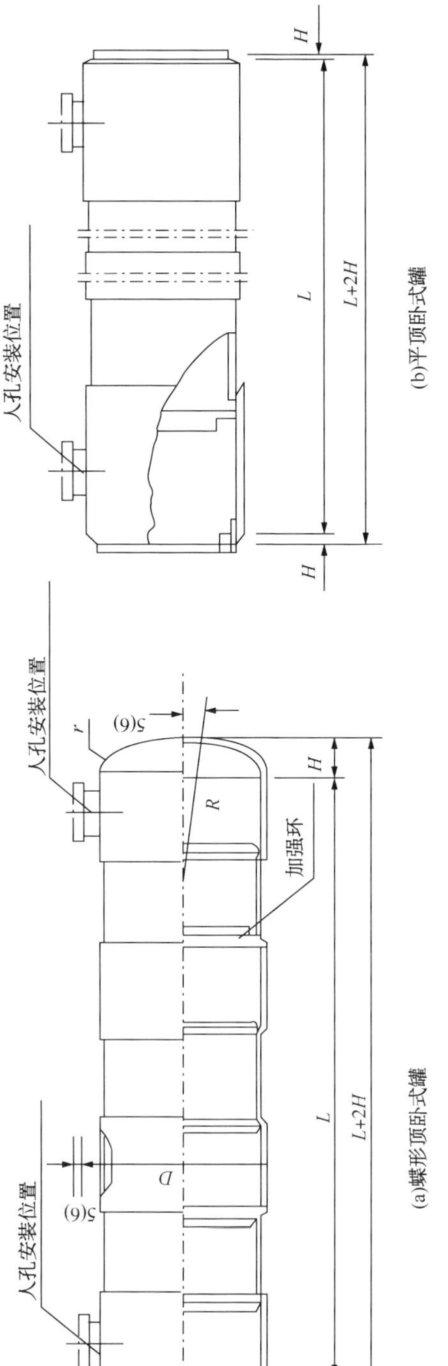

图4-2　地下卧式罐示意图

表 4-3　地下卧式油罐数据表

型式	公称容量/m^3	实际容量/m^3	罐身节数		主要尺寸/mm						加强圈角钢	板厚		质量/kg
			大径	小径	*D*	*R*	*r*	*H*	*L*	*L*+2*H*		罐身/mm	罐头/mm	
蝶形	10	11.9	2	1/2	2100	2100	210	407	2925	3739	75×50×5	5	5	1203
	25	25.6	2	1	2540	2540	254	490	4430	5410	90×56×6	6	6	2520
	50	51.7	4	3	2540	2540	254	490	9590	10570	90×56×6	6	6	4723
	75	79.2	6	5	2540	2540	254	490	15050	16030	90×56×6	6	6	7039
平顶	10	10.3	2	1/2	2100			30	2925	2985	75×50×5	5	5	1176
	25	22.6	2	1	2540			36	4430	4502	90×56×6	6	6	2439
	50	48.7	4	3	2540			36	9590	9662	90×56×6	6	6	4641
	75	76	6	5	2540			36	15050	15122	90×56×6	6	6	6956
	100	99.3	5	4	3200			46	12320	12412	100×63×6	6	6	7531
	150	143.2	7	6	3200			46	17780	17872	100×63×6	6	6	10459
	200	186.8	9	8	3200			46	23240	23332	100×63×6	6	6	13351

表 4-4　平头盖卧式罐技术数据表

公称容量/m^3	8	15	30	40	50	60
实际容量/m^3	8.5	15.6	31	39	53	60
直径/m	1.9	2.2	2.2	2.2	2.55	2.55
长度/m	3.0	4.09	8.19	10.34	10.34	11.77

续表

身板厚度/mm	4	4	4	4	4	4
头盖厚度/mm	4	5	5	5	4.5	4.5
加强环角钢	∠50×5	∠75×6	∠75×6	∠75×6	∠80×8	∠80×8
加强环数	1	3	5	0	0	7
罐头加强环角钢	∠75×6	∠90×8	∠90×8	∠90×8	∠90×8	∠90×8
头盖处三角撑					∠50×5	∠50×5
钢材总用量/kg	906	1569	2553	3067	3670	4107

表 4-5 碟形头盖卧式罐技术数据表

直径/mm	公称容积/m^3	实际容积/m^3	罐身节数		加强环个数		结构尺寸/mm						罐体质量/kg
			大径	小径	大径	小径	头盖半径	头盖与管壁过渡处曲率半径	头盖深度	管壁长度	罐总长	角钢环	
ϕ1750	10	11.20	2	1	2		1750	175	345	4130	4820	∠70×45×5	1103
	15	16.08	2.5	2	2	2	1750	175	345	6160	6850		1555
	20	22.54	4	2.5	4	2	1750	175	345	8890	9580		2153
	25	24.92	4	3	4	2	1750	175	345	9590	10280		2283
	30	30.92	5	4	4	4	1750	175	345	12320	13010		2872
	35	35.82	6	4.5	6	4	1750	175	345	14350	15040		3330

续表

直径/mm	公称容积/m^3	实际容积/m^3	罐身节数		加强环个数		结构尺寸/mm						罐体质量/kg
			大径	小径	大径	小径	头盖半径	头盖与管壁过渡处曲率半径	头盖深度	管壁长度	罐总长	角钢环	
$\phi 2100$	10	11.78	2		2		2100	210	406	2802	3614	∠90×56×5.5	1074
	15	16.38	2	1	2		2100	210	406	4130	4942		1400
	25	25.88	3	2	2	2	2100	210	406	6860	7672		2134
	35	35.28	4	3	4	2	2100	210	406	9590	10402		2865
	45	44.78	5	4	4	4	2100	210	406	12320	13132		3596
	55	54.08	6	5	6	4	2100	210	406	15050	15862		4335
$\phi 2540$	20	21.05	2	0.5	2		2530	250	492	3430	4424	∠100×63×6	1554
	25	24.05	2	1	2		2530	250	492	4130	5114		1758
	35	34.85	2.5	2	2	2	2530	250	492	6160	7144		2468
	45	48.55	4	2.5	4	2	2530	250	492	8890	9874		3368
	50	52.15	4	3	4	2	2530	250	492	9590	10574		3568
	60	62.45	4.5	4	4	4	2530	250	492	11620	12604		4288
	65	66.15	5	4	4	4	2530	250	492	12320	13304		4488
	75	76.15	6	4.5	6	4	2530	250	492	14350	15360		5188
	80	79.15	6	5	6	4	2530	250	492	15050	16060		5388

续表

直径/mm	公称容积/m^3	实际容积/m^3	罐身节数		加强环个数		结构尺寸/mm						罐体质量/kg
			大径	小径	大径	小径	头盖半径	头盖与管壁过渡处曲率半径	头盖深度	管壁长度	罐总长	角钢环	
ϕ3200	40	40.56	2	1	2		3200	320	625	4130	5380	∠125×80×7	3248
	55	56.76	2.5	2	2	2	3200	320	625	6160	7410		4470
	60	62.40	3	2	2	2	3200	320	625	6800	8110		4800
	75	78.40	4	2.5	4	2	3200	320	625	8890	10410		6022
	85	84.26	4	3	4	2	3200	320	625	9590	10840		6352
	100	102.66	4.5	4	4	4	3200	320	625	11620	12870		7574
	105	106.66	5	4	4	4	3200	320	625	12320	13570		7904
	120	122.46	6	4.5	6	4	3200	320	625	14350	15000		9126

注：① 表中所列油罐均可埋于地下，覆土厚度不大于2m。

② 罐壁圈板均用宽1.4m钢板。

③ 0.5节指宽度为0.7m。

④ 罐身和头盖厚度除ϕ3200油罐为6mm外，其余均为4.5mm。

⑤ 钢板用A3F。

⑥ 油罐的设计内压为0.1MPa，负压为0.5kPa。

第二节　卧式双层油罐设计构想

一、 加油站双层卧式油罐的提出

(一)《汽车加油加气站设计与施工规范》中提出

随着新技术、新材料的不断出现，GB 50156—2012《汽车加油加气站设计与施工规范》中提出了加油站埋地油罐采用双层油罐的条款。其 6.1.3 条提出：埋地油罐需要采用双层油罐时，可采用双层钢制油罐、双层玻璃纤维增强塑料油罐、内钢外玻璃纤维增强塑料双层油罐。

既有加油站的埋地单层钢制油罐改造为双层油罐时，可采用玻璃纤维增强塑料等满足强度和防渗要求的材料进行衬里改造。

(二) 双层罐的过渡历程及发展趋势

由于环境保护在国内外逐渐被重视，而油罐渗泄漏污染的环保治理费用相当高，所以如何防止油罐渗泄漏受到关注。

使用双层油罐是目前国外加油站防止地下油罐渗泄漏普遍采取的一种措施。

在北美，加拿大政府规定 1993 年 10 月 1 日之后，加油站必须使用双层油罐，并配有精确的渗漏检测装置。美国 EPA 规定 2005 年起所有加油站的地下储油罐必须使用双层罐系统，并实施精确的渗漏检测。

双层油罐的过渡历程与趋势为：单层罐→双层钢罐(也称 SS 地下储罐)→ 内钢外玻璃纤维增强塑料(FRP)双层罐(也称 SF 地下储罐)→ 双层玻璃纤维增强塑料(FRP)油罐(也称 FF 地下储罐)。

对于加油站在用埋地油罐的改造，北美、欧盟等国家和地区规定了采用双层油罐的过渡期，为减少既有加油站更换双层油罐的损失，允许采用玻璃纤维增强塑料等满足强度和防渗要求的衬里技术将既有在用油罐改成双层油罐，我国香港特别行政区也采用了这种改造技术。

双层油罐由于其有两层罐壁，在防止油罐出现渗泄漏方面具有双保险作用，再加上国外标准在制造上要求对两层罐壁间隙实施在线监测和人工检测，无论是内层罐发生渗漏还是外层罐发生渗漏，都能在贯通间隙内被发现，从而可有效地避免渗漏油品进入环境，污染土壤和地下水。

内钢外玻璃纤维增强塑料双层油罐，在单层钢制油罐的基础上外附一层玻璃纤维增强塑料(即玻璃钢)防渗外套，构成双层罐。这种罐除具有双层罐的共同特点外，还由于其外层是玻璃纤维增强塑料罐体，抗土壤和化学腐蚀方面远远优于钢制油罐，故其使用寿命要比直接接触土壤的钢罐要长。

双层玻璃纤维增强塑料油罐，其内层和外层均属玻璃纤维增强塑料罐体，在抗内、外腐蚀方面都优于带有金属罐体的油罐。因此，这种罐可能会成为今后各国在加油站地下油罐的主推产品。

(三) 欧美双层油罐的发展史及国内的技术引进

20 世纪 60 年代，德国首创 SS 双层罐(内外均钢制)。

20 世纪 70~80 年代，美国 STI 推出了一系列经过技术改良的 SS 双层罐，例如无需现场做阴极保护的 STI-P3 油罐(内外均钢制)。

1985 年，美国推出从最初无中空层的 ACT-100、ACT-100-U，到有中空层，且如今还在使用的 Permatank，即如今的 SF 双层罐(内层钢，外层 FRP)。

1988 年，美国推出 FF 双层罐(内外均 FRP)。

1996 年，加拿大 ZCL 公司将 3D 复合材料技术应用于 FF 双层油罐。

如今，我国河北冀州澳科中意石油设备有限公司，将这种最新技术的 3DFF 双层罐引入中国，为中国石油行业带来世界领先的加油站油品存储方式。

二、 双层玻璃纤维增强塑料卧式油罐

(一) 玻璃纤维增强塑料介绍

玻璃纤维增强塑料，是一种由高强度的玻璃纤维和树脂基体复合而成的兼具结构性和功能性的新型复合材料，其英文全称为 Fibergass Reinforced Plastics，简称为 FRP。FRP 最早于20 世纪30 年代在美国研究、开发成功，40 年代广泛用于军事领域，如空军海军武器装备，自 50 年代初并在其后的半个多世纪里，FRP 技术在全球范围内得到了快速的发展和广泛的应用。因部分的 FRP 制品具有类似玻璃的观感和钢的力学性能，国内俗称玻璃钢。其中，玻璃纤维提供 FRP 的强度和刚性，树脂基体提供 FRP 的耐化学性(抗腐蚀性能)和韧性。FRP 作为一种可设计的复合材料，通过选用适当的纤维和树脂，经过优化设计和先进制作、成型工艺的采用，可获得具有优异耐腐蚀性能的 FRP 制品，在防腐蚀工业领域成为事实上的最佳材料选择。

(二) 早期 FRP 地下石油储罐的采用

用 FRP 材料制作地下石油储罐，20 世纪 60 年代已在美国兴起。美国 AMOCO 石油公司于 1963 年率先采用了第一个 FRP 单壁罐。该罐历经 25 年的使用后，于

1988 年被挖出，经过鉴定和评估，在重新获取认证后，被埋入地下继续使用。

（三）FRP 双层油罐的市场走向

由于在世界各地的地下钢质储罐中，存放的燃料和含有化学成分的液体，在过去的几十年变得越来越具有侵蚀性，因此除在原有钢质储罐内外表面涂覆防腐层或 FRP 材料包覆外，大量的市场走向是采用全复合材料 FRP 双层地下储罐。由于抗渗和抗压的要求，FRP 地下储罐从单壁走向双层壁，由单一的工艺走向多种工艺的组合成型，设计和品质越来越完善，成为二十年来欧美发达国家广泛采用的非常成熟的防腐防渗液体燃料储存系统。截至 2006 年 9 月，美国大约有 50 万个地下储罐是用 FRP 材料制成的，约占全美地下储油罐总量的 70 %。在澳大利亚和新西兰，全复合材料 FRP 地下储罐有 20 年以上的使用历史，据报道超过 6000 个双壁 FRP 地下储罐被投入使用；在亚洲如日本、韩国、马来西亚、印度尼西亚、菲律宾、印度、新加坡的各地加油站，FRP 双壁地下储罐也获得了大量采用。最近几年，美国、加拿大等国大力推广使用生物燃料。生物燃料的采用，对燃料的储存提出了新的挑战。全球各大石油公司逐渐认识到 MIC（微生物诱导腐蚀现象）使得传统钢制储罐的腐蚀速率大幅度上升，且难以消除。针对这种问题，2008 年，美国 STI（钢制储罐协会）将钢制储罐（包括内层钢质、外层玻璃钢的双层油罐）的担保期缩短至 10a。与此同时，全复合材料的 FRP 双层油罐因其对 MIC 没有影响，担保期仍为 30a，其性价比和全寿命成本更具优势，因此采用全复合材料的 FRP 双层油罐，2009 年度在北美地区获得了更高的采用率。

（四）3DFF 双层油罐国内产品介绍

1. 技术引进

河北省冀州市中意复合材料有限公司，2009 年与加拿大 ZCL 复合材料有限公司，签定了“双壁石油储罐专有技术转让签约”，从此将国外 FRP 双壁油罐的先进技术引进中国。2011 年中意复合材料有限公司与青岛澳科仪器有限责任公司，共同合资组建了“冀州澳科中意石油设备有限公司”（简称“澳科中意”），并引进加拿大 ZCL 复合材料有限公司先进的 3DFF 技术，并获得其在中国地区的独家授权，生产销售国际领先的环保型 PREZERVER-rM 全复合材料双层罐。

3D 玻纤织物具有质轻、刚度强及耐腐蚀等特点，主要应用于飞机机翼、高速火车外壳及内饰、人造器官、航天飞行器等高精尖领域。

加拿大 ZCL 公司将该技术引入 FF 双层罐的制造中，采用 3D 玻纤织物承接内外壁，使油罐成为一个整体，结合与外壁整体成型的加强筋，有效增加了油罐的结构厚度和综合强度。

3D 玻纤织物在内外层之间形成了 3.5mm 的空隙，使得 FF 双层罐可以采用液媒测漏系统，该系统测漏方式为主动测漏，可利用预充满的测漏卤水液，24 小时实时监控，全方位无死角。

2. 3DFF 双层罐适用介质

（1）汽油、柴油、煤油、机油、航空燃油。

（2）醇、含醇汽油，充氧发动机燃料。

3. 3DFF 双层罐的型号规格及尺寸

3DFF 双层罐的型号规格及尺寸，见图 4-3 和表 4-6。

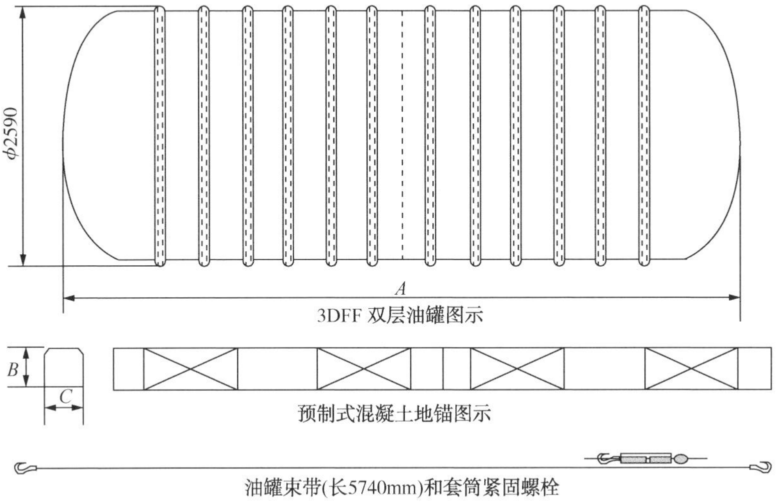

图 4-3 3DFF 双层油罐图

表 4-6 3DFF 双层罐的型号规格及尺寸

3DFF 型号	实际容积/m^3	尺寸/mm			地锚数量	束带数量
		A	*B*	*C*		
3DFF-1-20	20.043	4652	305	305	2	2
3DFF-1-25	25.499	5800	305	305	2	2
3DFF-1-30	30.076	6763	305	305	4	4
3DFF-1-35	35.585	7922	305	305	4	4
3DFF-1-40	40.053	8862	305	305	4	4
3DFF-1-45	45.699	10050	305	305	4	4
3DFF-1-50	50.029	10961	305	305	6	6

续表

3DFF 型号	实际容积/m^3	尺寸/mm			地锚数量	束带数量
		A	*B*	*C*		
3DFF-1-55	55.324	12075	305	305	6	6
3DFF-1-60	60.200	13101	305	305	6	6
3DFF-1-65	65.058	14122	305	305	6	6

4. 3DFF 双层罐的特点

(1) 本产品加强筋与罐体整体成型，罐体具有高强度、高刚度，覆土埋深可达 2.1m 及更高。

(2) 罐体是 100%由玻璃纤维和树脂复合而成的双层壁玻璃钢，内外永不锈蚀，无需维护，易于处理，并且不再需要昂贵的阴极防蚀保护。

(3) 内外层壁之间的环形空间采用 3D 玻纤立体织物技术，充满空隙和孔洞，工厂预填充的卤水可在其间贯通，以精确、及时地对内层壁和外层壁进行连续渗漏监测。

(4) 允许选用压力法、真空法、干湿法、静水法等 4 种低成本、高精度的罐体测试和泄漏监测方法。

(5) 罐顶部附件提供电子液位计接口及其他接口。

(6) 涡轮机封装附件防止潜油泵受到土壤侵蚀，同时为潜油泵或管路可能出现的泄漏提供双极保护。

(7) 采用预制式混凝土地锚，消除了现场浇铸混凝土底台的耗时作业，同时地锚具有在洪水条件下能阻止罐体上浮的设计。两边地锚上的钩点之间采用带有镀锌套筒螺母的扁型束带进行紧固，施工便利，安全可靠。

三、 双层钢质卧式油罐的结构构想

双层钢质卧式油罐，目前国内比较少见，GB 50156—2012 提出了这种罐，并且提出了一些具体要求，其结构设计可按国内现行行业标准 AQ 3020—2008《钢制常压储罐 第一部分：储存对水有污染的易燃和不易燃液体的埋地卧式圆筒形单层和双层储罐》执行。笔者参照这个标准及钢质卧式油罐标准设计和 GB 50156—2012 的要求，对双层钢质卧式油罐的结构提出如下构想，以供参考。

(一) 内层罐的设计

双层钢质卧式油罐的内层罐，宜选用钢质卧式油罐的系列标准罐。其直径、长度、加强圈、曲率半径等均应按系列标准罐设计，因为系列标准罐已经过优化设计，是安全可靠、技术经济合理的。

（二）外层罐的设计

双层钢质卧式油罐的外层罐，宜参照钢质卧式油罐系列标准设计。其直径、长度、曲率半径等几何尺寸，在对应的标准罐尺寸的基础上加大即可。其加强圈或纵、横向肋的设置，应结合油罐分区检漏的要求统一考虑。

（三）油罐内外层钢板厚度的选定

油罐内外层钢板厚度，可选用钢质卧式系列标准罐的厚度，且不应小于 GB 50156—2012 要求的最小厚度，即本章表 4-1 的规定。

（四）双层钢质卧式油罐的检漏方法

双层卧式油罐对油品的渗漏虽然多了一道防线，但还需要考虑当渗漏时有相应的检漏的方法。

双层钢质卧式油罐的检漏，可借鉴前述双层玻璃纤维增强塑料卧式油罐的渗漏监控方法。即在双层壁间隙内填充 3D 玻璃纤织物，并充满测漏卤水液，内置传感器实施 24h 渗漏监控。

为了迅速找到渗漏区域及漏点，可利用两层间的纵、横向加强肋的分格分区。

（五）双层钢质卧式油罐质量的检查

（1）双层钢质卧式油罐质量的检查，应按照相关规范、规定执行。保证钢板质量合格，无缺陷，钢板成型符合设计要求。保证焊缝结构、焊缝高度符合设计要求，焊接质量、焊缝外观符合规范要求。

（2）油罐渗漏检查

油罐埋地后，不能直观检查渗漏，所以埋地油罐的每道工序都应严格把关，防止渗漏。

内层油罐焊接安装完毕后，应对焊缝逐条逐段检漏，检查方法和手段应按相应规范执行。

外层壁焊接安装完毕后，同内层壁一样严格检漏。

（3）油罐整体试压

油罐内、外层全部焊接安装完毕并渗漏检查合格后，在外壁防腐绝缘之前，即应对油罐进行整体试压。

整体试压宜采用水压试验，控制压力、试压方法应按设计要求或相应规范、规定执行。

(六) 双层钢质油罐的防腐

双层钢质油罐的罐内表面和罐最外表面的除锈防腐，应按设计要求执行。

值得提出的是两层罐壁间的内、外层钢板表面是否需要防腐值得探讨。两层罐壁间隙完全密封，再无流通的空气，理论上不会再生锈。但考虑到这两层罐壁间钢板表面无法再维护保养，所以笔者认为还是有必要用防锈漆做一道防腐为好。

另外还需提醒的是罐最外层的绝缘防腐，最好在油罐整体试压合格后再做，因为这样更容易再次检查油罐是否有渗漏。

(七) 双层钢质油罐的验收

双层钢质油罐经质量检查合格、防腐绝缘完成后，还需再进行单罐整体验收。验收应由设计、施工、监理、建设单位的人员参加，并厉行验收的手续，然后才能对油罐进行继续埋地施工。因此对单罐整体验收是埋地油罐竣工验收的中间验收。

四、 内钢外玻璃纤维增强塑料双层卧式油罐结构构想

内钢外玻璃纤维增强塑料双层卧式油罐，是钢质油罐和玻璃纤维增强塑料双层油罐两种技术的组合，只是外层玻璃纤维增强塑料只有一层。

内层钢质罐与外层玻璃纤维增强塑料之间仍应有 3.5mm 的间隙，在间隙内仍然填充 3D 玻璃纤织物，并充满测漏卤水液，内置传感器对油罐实施 24h 渗漏监控。

可见内钢外玻璃纤维增强塑料双层卧式油罐的设计、施工、质量检查验收，均可参照上两种双层油罐的做法实施。

第三节　卧式油罐安装

一、 对加油站油罐安装的要求

GB 50156—2012《汽车加油加气站设计与施工规范》中，对加油站油罐安装有如下要求：

(1) 加油站的汽油罐和柴油罐(橇装式加油装置所配置的防火防爆油罐除外)应埋地设置，严禁设在室内或地下室内。

(2) 油罐设在非车行道下面时，罐顶的覆土厚度不应小于0.5m；设在车行道下面时，罐顶低于混凝土路面不宜小于0.9m。钢制油罐的周围应回填中性沙或细土，其厚度不应小于0.3m。外层为玻璃纤维增强塑料材料的油罐，其回填料应符合产品说明书的要求。

(3) 当埋地油罐受地下水或雨水作用有上浮的可能时，应采取防止油罐上浮的措施。

(4) 埋地油罐的人孔应设操作井。设在行车道下面的人孔井应采用加油站车行道下专用的密闭井盖和井座。

(5) 与土壤接触的钢制油罐外表面，其防腐设计应符合现行行业标准SH 3022《石油化工设备和管道涂料防腐蚀技术规范》的有关规定，且防腐等级不应低于加强级。

二、卧式油罐的安装形式

卧式油罐的安装形式由加油站站址的地理位置、周围环境、占地面积、站内平面立面的整体协调、收发油条件、形式等诸多因素综合考虑来确定。一般的安装形式如图4-4所示。

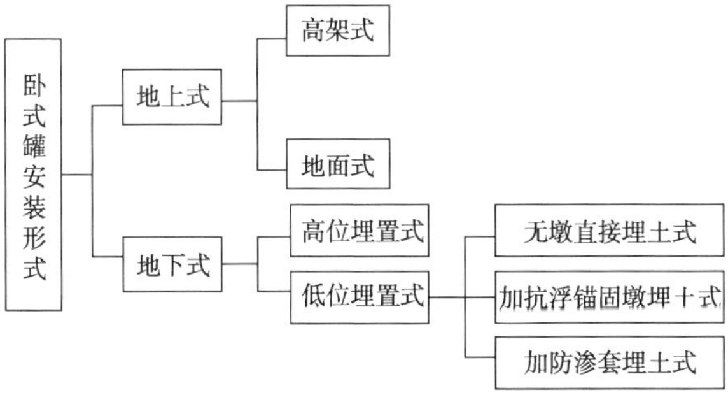

图4-4 油罐安装形式图

所谓地上式，即油罐安装在地坪面以上，油罐外不覆土，暴露在空间。这种安装形式，便于直观检查油罐是否渗漏，便于维修保养油罐外壁。但这种罐受大气温度影响很大，油品蒸发损耗大，使用中的安全性较低。特别是将油罐置于室内安装（室内式），容易造成油蒸气集聚，增加着火爆炸的概率。因此GB 50156—2012《汽车加油加气站设计与施工规范》中明确规定，“加油站的汽油、柴油储罐应直埋成地下式，严禁设在建筑物内或地下室内。建在郊区的加油站，当油罐直埋有困难时，可设在地上”。

地上高架式，主要是为满足自流发油的需要，这样可以不用电动加油机，或电出故障时仍能保障发油。再者高架罐自流发油，经营费用低，安全性也相对高一点。

地下式油罐的优点：第一，受外界大气温度影响甚小，油品蒸发损耗小；第二，油气不会在油罐周围集聚，比较安全；第三，不占地面空间位置，地面显得宽敞。

地下式油罐的缺点：第一，不能直观检查油罐渗漏，只能靠测量油罐内的油面高度间接判断油罐是否渗漏。即使发现渗漏，亦难以找到具体漏点，只能挖掉覆土检查，才能找到漏点。第二，不便维修保养油罐外壁。

比较其优劣，地下式油罐优点较多。故现行规范推荐的卧式油罐安装形式为地下式，且其中高位埋置式是优先应选择的形式。因为这种形式，集中了地下式和地上高架式二者的优点。不过这种形式需要有合适的地形，即既要有足够的地形高差，满足发油自流的条件，又要有可以使运油车爬上去的坡道，创造油车卸油的自流条件。这种地形条件，在山区油库的加油站可能有，在城镇加油站难有，所以城镇加油站卧式油罐的安装形式多采用低位埋置式。

低位埋置式中的三种形式，无墩和有墩的选择，是由地下水位确定的。地下水位低，埋地油罐没有被浮起的可能，即选无墩直埋式。若地下水位高，埋地油罐有被浮起的可能，则需用加抗浮锚固墩埋土式。加防渗套埋土式，主要是用于怕周围环境被油罐渗漏出的油而污染的情况，这多在大城市、水源区、海边、稻田等区域建加油站时要求采用的形式。

三、 埋地卧式油罐的安装程序

埋地卧式油罐的安装程序为：对油罐进行外观检查→渗漏检查→除锈防腐→罐体安装就位→覆土掩埋→安装油罐附件及工艺管线→平整场地→检查验收。

罐体安装就位前，若需要加支墩，应先砌筑支墩。

地面卧式油罐的安装程序，仅少“覆土”这一步骤，其他与埋地卧式油罐相同。

四、 卧式油罐的安装方法

卧式油罐的安装方法主要是介绍卧式油罐安装程序中每个步骤的具体操作要求与方法。卧式油罐的制作加工，一般多在工厂完成。将卧式油罐的成品运至施工现场，进行安装组合为储输油的系统，即形成加油站的设备。

（一）油罐安装前的外观检查

运到安装现场的成品油罐，在安装前首先应做外观检查。外观检查的内容主要有四项：

（1）检查几何尺寸：测量油罐直径、罐身长度、油罐总长度、封头长度等几何尺寸是否与油罐说明书相符，为编制油罐容积表、计量储油数量提供依据。

（2）检查油罐表面的平整度和钢板有无损伤：察看油罐有无凹陷，钢板有无重皮、划痕等缺陷。

（3）检查焊缝有无气孔、咬肉、裂纹、夹渣等缺陷。

（4）检查油罐表面锈蚀程度和涂漆的完整性，检查油罐在运输途中及装卸过程中涂层有无破损。

外观检查有问题时，应认真处理，清除缺陷，再进行下一道工序。

（二）油罐安装前的渗漏检查

为了验证成品卧式油罐的严密性和耐压程度，在对油罐外观检查后还必须进行渗漏检查。检查方法有三种：

1. 煤油试验

试验前，在焊缝的正面涂以白垩粉的水溶液，待干燥后，在焊缝的反面刷以煤油进行试验。由于煤油的黏度和表面张力很小，能透过很细小的间隙，所以当焊缝内存在裂纹或缺陷时，白垩粉就被渗透过去的煤油所浸湿而变色，根据白垩粉层某处是否变色，便可判断是否有缺陷。用煤油试验时，应在涂油后及时检查，否则将因煤油渐渐挥发及油迹疏散而模糊缺陷的大小和位置。一般刷上煤油后，保持 15min 至 2h（由钢板的厚度而定）。如果没发现缺陷，即认为合格。

2. 水压试验

在罐内灌约三分之二的水后，关闭油罐上各孔洞，用水泵继续缓慢向罐内注水，使罐内造成一定的压力，以检查焊缝严密性和罐体强度是否合格。

在加压过程中，即检查焊缝是否渗漏，加压到工作压力的 1.25 倍，关闭阀门。在 5min 内压力表的指针没有明显变动，便可微开阀门，使压力缓慢降到工作压力，停一段时间，再仔细检查，并用 0.5~1.5kg 的圆头小锤轻轻敲打，如果没有水珠等出现，就说明油罐没有缺陷，即水压试验合格。

3. 气压试验

气压试验是在被试验的油罐密封后，导入压缩空气进行的。其试验压力，一般为油罐的工作压力。

在达到试验压力时，停止升压。在焊缝处涂上肥皂水，检查是否有气体泄漏。如发现有漏气的地方，应做上记号，泄压后进行处理，清除缺陷后，再升压至试验压力。在试验压力下，保持 3min，如压力不下降，即认为气压试验合格。

气压试验的危险性大，要注意做好安全防护工作。

（三）油罐安装前防腐

成品卧式油罐出厂时一般应刷底漆予以防腐，但由于吊装、运输中的碰撞、摩擦，或长期存放未用，致使油罐的防腐涂层受损，所以在油罐安装前必须对外壁进行再次防腐处理。油罐内壁可以不防腐。对于地面油罐的外壁一般补刷两遍漆亦可，但对于埋地油罐的外壁一定要特别注意做好防腐，不能涂刷一般的油漆，而要用沥青、玻璃布分层涂刷。根据埋设油罐周围的土壤电阻来选择相应的防腐等级，见表 4-7。不同的防腐等级有相应的防腐结构，见表 4-8。沥青涂层的配制，见表 4-9。卧式油罐防腐材料的消耗量，列于表 4-10，可供参考。

表 4-7　按土壤电阻选择防腐等级

等级代号	防腐等级	土壤电阻/Ω
Ⅰ	普通防腐	>50
Ⅱ	加强防腐	20~50
Ⅲ	特强防腐	<20

表 4-8　石油沥青防腐涂层等级与结构表

防腐涂层等级	防腐涂层结构	每层沥青厚度/mm	涂层总厚度/mm
普通防腐	沥青底漆→沥青→玻璃布→沥青→玻璃布→沥青→聚氯乙烯工业膜	≈1.5	≥4.5
加强防腐	沥青底漆→沥青→玻璃布→沥青→玻璃布→沥青→玻璃布→沥青→聚氯乙烯工业膜	≈1.5	≥6.0
特强防腐	沥青底漆→沥青→玻璃布→沥青→玻璃布→沥青→玻璃布→沥青→玻璃布→沥青→聚氯乙烯工业膜	≈1.5	≥7.5

表 4-9　沥青涂层配置表

配方	5 号沥青/%	4 号沥青/%	高岭土（或滑石粉）/%	性能			
				软化点/℃	针入度/(1/10mm)	伸长度/mm	韧性
配方 1	50	30	20	91.3	30.2	2.5	不裂
配方 2	45	30	25	92.3	30.7	2.4	不裂

表 4-10 卧式油罐防腐材料消耗参考表

油罐容量/m^3	防腐面积/m^2	普通防腐			加强防腐				特强防腐			
		土沥青/kg	石油沥青/kg	高岭土/kg	土沥青/kg	石油沥青/kg	高岭土/kg	油毡/m^2	土沥青/kg	石油沥青/kg	高岭土/kg	油毡/m^2
1	6.04	1.2	30.8	5.4	1.2	46.5	8.5	6.7	1.2	63.4	11.5	63.4
2	11.0	2.2	56.1	9.9	2.2	84.7	15.4	12.1	2.2	116	20.9	116
3	14.9	3.0	76.0	13.4	3.0	115	20.9	16.4	3.0	157	28.3	157
5	18.3	3.7	93.4	16.5	3.7	141	25.6	20.1	3.7	192	34.8	192
10	29.1	5.8	148	26.2	5.8	224	41.7	32.0	5.8	306	55.3	306
16	42.1	8.4	215	37.9	8.4	324	59.0	46.3	8.4	442	80.0	442
24	50.1	10.0	256	45.0	10.0	386	70.1	55.1	10.0	526	95.1	526
30	61.6	12.3	314	55.5	12.3	475	86.3	67.8	12.3	647	117	647
50	91.8	18.4	468	82.6	18.4	706	129	101.0	18.4	964	175	964

注：高岭土可用石棉灰代替，石棉灰的质量可取高岭土的 50%。

如何保证油罐防腐质量，延长防腐层的寿命，要重点把住三关：第一，应严格控制防腐材料的选择及涂层的配置。第二，应控制防腐时的涂刷技术和涂刷环境。热沥青的火候要掌握好，温度不能太高，以防将沥青烧焦；涂刷要均匀；玻璃布应铺平、浸透；涂刷时一定要在干燥的环境下，被涂的金属表面一定不能潮湿。第三，被涂的金属表面一定要处理干净，表面不得有铁锈、油污、灰尘。金属表面的处理方法见表 4-11。

表 4-11 金属表面处理方法

方法	主要设备及工具	原理及技术数据	适用范围及优缺点
手工方法	刮刀、铲、锤、锉、钢丝刷、铜刷、钢丝束、砂布	靠人工操作，每人每天约除锈 1~3m^2	方法简单，适用于边、角处除锈。但劳动量大，功效低，质量较差
机械方法	风动刷、除锈枪、电动刷、电动砂轮、针束除锈器等	利用机械冲击与摩擦的作用去除锈蚀及污物	效率较高，质量较好。但不宜去除边、角、凹处锈污

续表

方法		主要设备及工具	原理及技术数据	适用范围及优缺点
机械喷射处理法	干喷砂处理	喷砂器，分单室喷砂器和双室喷砂器两种；眼罩、呼吸面具、特殊盔罩；空压机	利用 0.35～0.6MPa 的压缩空气将砂由喷嘴喷射至金属表面，可去除表面氧化皮、铁锈、旧漆膜	处理效果好、效率高，但砂尘飞扬，必须采取劳动保护措施
	湿喷砂处理	湿喷砂装置，有砂罐、水罐、空压机	除锈原理同上。砂罐工作压力 0.5MPa，水罐 0.1～0.35MPa。需加入 1%～1.5%的防锈剂	减少了砂尘飞扬，处理效果好，效率高，约除锈 3.5～4m^2/h。但温度在零下时不能用
	真空喷射处理	真空喷射除锈装置，空压机	利用压缩空气喷砂除锈，又靠真空吸回砂粒，这样循环喷射	除锈效率高，劳动卫生条件好，但不适于形状不规则的零件、型材及曲率很大的制件

（四）地上油罐的安装

地上高架式卧式油罐的安装，主要需确定油罐高架支墩的个数、支墩厚度、支墩位置及支墩结构，这与油罐及罐内液体质量、架设高度、当地风荷载、地基承载能力等因素有关。采用钢架支撑，需进行专业结构设计计算。

地面设置的卧式油罐，为了便于对油罐的维修保养和排污管路的安装，亦应用支墩架高 0.5m 左右，如图 4-5 所示。

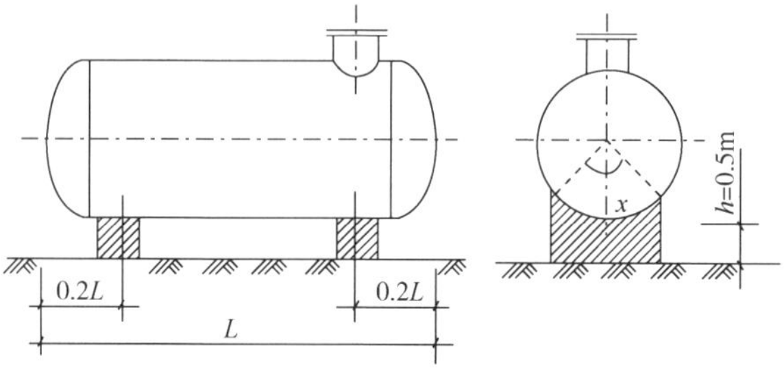

图 4-5　支墩架设

靠罐头的支墩一般距端头为 0.2L，且应支在罐内加强圈处。支墩的包角 α 不应小于 90°，究竟用几个支墩及支礅的厚度，亦应经过结构计算。通常情况下 50m^3 卧式罐需支礅 3～4 个，10m^3、25 m^3 罐需支礅 2 个就可以。支礅厚一般为 50cm 左右(即 2 砖宽，外加水泥抹面)。

(五) 地下直接埋土油罐的安装

这种形式简单、省钱、工期短，但需具备三个条件：第一，地基的承载力必须大于油罐设置要求的承载力；第二，地下水位很低，油罐不会被浸泡浮起；第三，地下罐埋设的周围环境不怕被渗油污染。埋土卧式油罐要求的承载力应等于油罐及其附件自重与罐内满装时的液重(按水重考虑)及油罐水平直径以上部分覆土重之总和除以承载面积。而承载面积应等于油罐水平直径以下部分的面积，如图 4-6 所示的 *ABC* 弧面。照此计算得出不同规格的卧式罐，罐上覆土 60cm 厚要求的承载力见表 4-12。

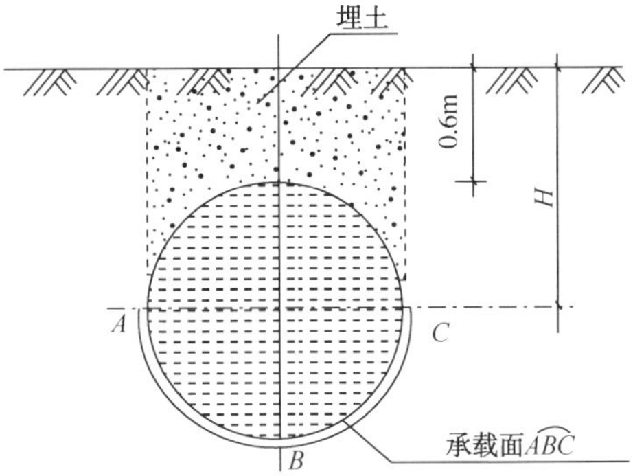

图 4-6 卧式油罐的承载面积

表 4-12 埋土卧式罐要求的承载力

油罐容积/m^3	10	25	50
总重/t	24	48.5	93.5
承载面/m^2	9.6	17.7	38.3
承载力/(t/m^2)	2.5	2.74	2.44

由表 4-12 可知，埋土卧式油罐要求的承载力很小，最大不超过 $3t/m^2$，比立式油罐要求的承载力低得多(立式罐要求承载力为 $10 \sim 18t/m^2$)，一般土壤只要挖到老土，夯实回填都可以满足卧式罐承载力的要求，不需要打混凝土垫层，也不需要做混凝土支礅。如果埋地罐被地下水浸泡，在空罐时有被浮起的危险时，才做混凝土支礅加扁钢锚固。

直埋土设置形式如图 4-7 所示。图中所示罐径、罐长及罐底标高，带括号的为军用系列产品 10 m^3 卧式罐的数据，不带括号的为 25 m^3 和 50m^3 卧式罐的数据。安装时应注意控制油罐埋深和罐底标高。通常罐顶埋深为 60cm，埋得太深不但增加了对油罐的土压力，而且会使加油机吸油困难。

罐槽开挖时，应有不小于 60°的土方开挖坡角，以防施工中塌方。土方开挖时一定要挖到老土为止，不能在回填土、耕作土、淤泥等不良地质土壤上埋置油罐。如果开挖后土槽底标高低于罐底安装标高时，则须用 2∶8 灰土逐层夯实回填，每层回填厚 20cm 左右。

油罐的安装就位应按设计选定的位置，并注意使油罐顶部的人孔不能歪斜。

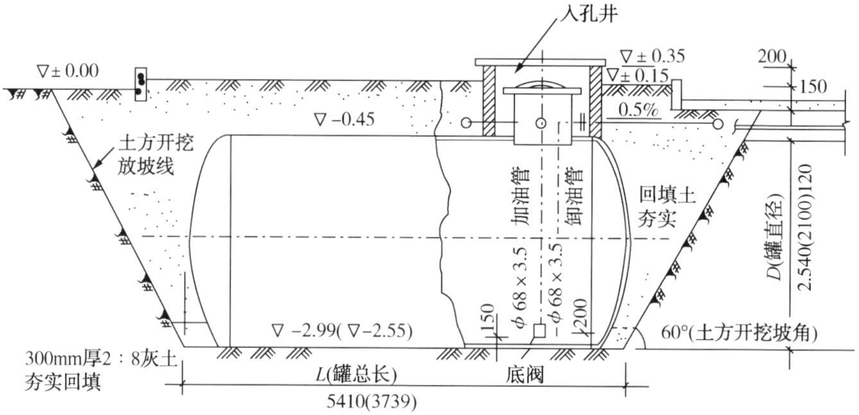

图 4-7　卧式油罐直接埋土设置

为减少油罐底部存油量，且便于清洗罐底时抽空底水，油罐安装时应有 1% 的坡度，坡向吸油管方向。

掩埋油罐时，紧靠罐壁 30cm 厚处应以细土或砂回填夯实，不得有砖、石块等杂物，以免损坏油罐外防腐层。

（六）地下加基础埋土或加防渗池油罐的安装

如果没有上述条件，就不能采取直接埋土设置。若地基承载力不够，则需要加混凝土基础；若有被浮起的可能，则应将罐体与混凝土基础用扁钢锚固；若当地有防污染要求时，则还应加防渗池。

1. 地下埋土加基础及抗浮油罐的安装

当埋地卧式罐被地下水浸泡时，即应考虑校核空罐时的抗浮问题。首先按无混凝土支礅或无梁板式钢筋混凝土基础锚固时的抗浮校核，其抗浮条件为：

$$G_Z+G_T \geqslant V_S \cdot \gamma_S \cdot K \tag{4-2}$$

式中　G_Z——油罐的总自重，t；

V_S——油罐埋入地下水部分的体积，m^3；

γ_S——水的容重，$\gamma_S=1t/m^3$；

K——安全系数，$K=1.1\sim1.5$；

G_T——油罐水平直径以上覆土总重量［见图 4-6、式(4-3)］。

$$G_T=(D \cdot L \cdot H-V/2)\gamma_T \tag{4-3}$$

式中　D——油罐外直径，m；

L——油罐的总长度，m；

H——油罐水平轴至回填土表面的距离，m；

V——油罐体积，m^3；

γ_S——土壤的容重，$\gamma_S=1.5t/m^3$。

由式(4-2)和式(4-3)分别对军用卧式罐产品系列(即表4-2中系列)$10m^3$(D为2.1m)，$25m^3$、$50m^3$(D为2.54m)卧式罐进行计算，可得出如下结论：

油罐顶覆土0.6m，不加抗浮锚固，而空罐不被浮起的最高地下水位，对于$10m^3$罐应低于1m，$25m^3$与$50m^3$罐应低于1.5m。经过计算，当不满足式(4-2)的抗浮条件，即$G_Z+G_T<V_S\cdot\gamma_S\cdot K$时，则空油罐即会被浮起，必须加混凝土支礅和扁钢锚固，如图4-8所示。

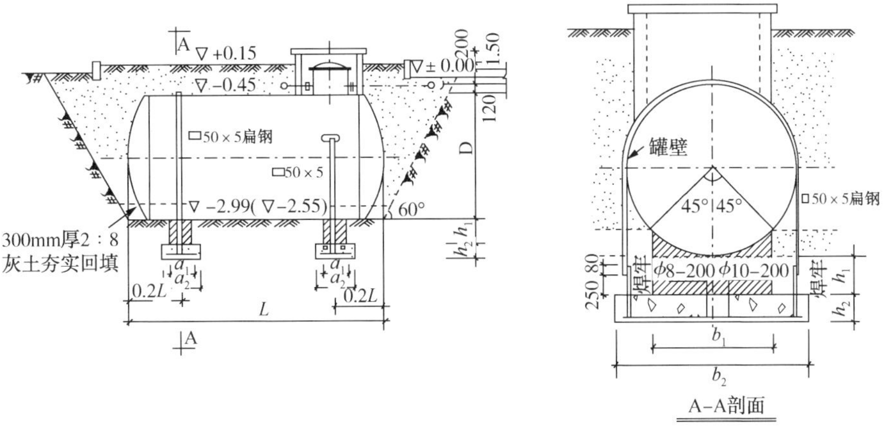

图4-8　卧式油罐加混凝土支墩和扁钢锚固

有混凝土支礅时的抗浮条件见式(4-4)：

$$G_Z+G_T+V_m\cdot\gamma_m\geqslant(V_S+V_m)\cdot\gamma_S\cdot K \tag{4-4}$$

由式(4-4)可推算得锚块的体积为：

$$V_m\geqslant\frac{KV_S\cdot\gamma_S-G_z-G_T}{\gamma_m-K\cdot\gamma_S} \tag{4-5}$$

式中　V_m——锚块的全部体积，m^3；

γ_m——锚块的容重，t/m^3。

砖的$\gamma_m=1.7t/m^3$，混凝土的$\gamma_m=2.2\sim2.4t/m^3$，钢筋混凝土的$\gamma_m=2.4\sim2.5t/m^3$。

按照计算得出锚块的总体积V_m，再根据土建结构的一般做法，设计图4-8中各部位尺寸。一般要求图4-8中砖支座厚度a_1不小于370mm(即1砖半厚)，砖支座包角α一般为90°～120°，混凝土支礅宽度b_2一般应比罐直径至少大15%。根据式(4-5)及常规做法，笔者对$10m^3$、$25m^3$、$50m^3$卧式油罐的抗浮锚块做了设计计算，见表 4-13。

表 4-13　埋地卧式油罐抗浮锚块尺寸表　　mm

罐容/m^3	a_1	a_2	b_1	b_2	h_1	h_2	支礅个数
10	500	800	1500	2500	500	300	2
25	600	1000	1800	3000	500	300	2
50	1000	1500	1800	3000	500	800	4

2. 地下埋土油罐加防渗池

为了防止油罐漏油对周围环境的污染，根据环保部门的要求，油罐外边应砌筑防渗漏的池，池和罐之间的空间填以细土或砂，以防油气集聚。这种安装形式投资较高，在环保部门无此要求时可不采用。

第四节　卧式油罐附件的选择与安装

一、卧式油罐附件的选择

（一）附件种类及其作用

（1）为使卧式油罐正常使用，在卧式油罐上装有各种用途的附件，这些附件的种类及其作用见表 4-14。

表 4-14　卧式油罐附件及其作用

类别	附件名称	型式	位置	作用
检查设备	人孔		罐颈盖上	进、出人员检查维修用
	测量孔		罐颈盖上	测量油高、采取油样
收发设备	进出油管		罐头下部距底部 20 ~ 30cm，罐头上部或罐颈上部	进出油料
	底阀		出油管吸入口上	便于油泵抽吸油样
调节气压设备	呼吸阀	弹簧式	燃料油罐上	减少油料损耗，保护油罐安全
	油气管	风帽式 弯管式	润滑油罐上	平衡罐内外压力，保护油罐安全

续表

类别	附件名称	型式	位置	作用
安全防火设备	阻火器		燃料油罐上透气阀下面或上面	防火，保证油料和油罐安全
	接地装置		燃料油罐上	导走静电，防止着火
加温设备	梳状管加热器		润滑油罐上	给润滑油加热
放水设备	放水管		在油罐底部	排出罐内水分和底油
辅助设备	梯子	斜式	在地面油罐组处	供上、下油罐组顶
	平台		在地面油罐组上	供人在罐组顶作业

（2）GB 50156—2012《汽车加油加气站设计与施工规范》中，要求加油站油罐还应设如下附件：

① 油罐应有卸油时的防满溢措施。油料达到油罐容量90%时，应能触动高液位报警装置；油料达到油罐容量95%时，应能自动停止油料继续进罐。

② 设有油气回收系统的加油站，其站内油罐应设有高液位报警功能的液位监测系统。单层油罐的液位监测系统尚应具备渗漏检测功能，其渗漏检测分辨率不宜大于0.8 L/h。

（二）附件的选择

表4-14中列出了卧式油罐的全部附件，不同用途、不同安装形式的卧式油罐，其附件的选择是不同的。如储存润滑油的卧式油罐，在北方低温区即需安装加热器。而储存轻质油料，即燃料油，或地处南方高温区的润滑油罐，则不必设加热器。调节气压的设备，润滑油罐和燃料油罐也不相同。即是储存同种油品、地处同一地区，但安装形式不同，其附件选择也不相同。如同样储存汽油、柴油的卧式罐，直埋地下时，则通气管口只需安装阻火器，可不安装呼吸阀；若设在地上时，则不但需安装阻火器，尚应安装呼吸阀。为了便于上下油罐操作安全，地上安装的油罐尚应安装梯子、平台和栏杆。当油罐罐底低于加油机油泵中心时，加油机的吸油管端部须安装底阀。

人孔、量油孔、吸油和卸油的接合管、排污（排水）管、接地装置等是油罐的通用附件，所有卧式油罐都应配装。

人孔的直径规格一般有ϕ500、ϕ600两种。ϕ500的人孔主要用作采光，故有的称为采光孔；ϕ600的人孔，作为人员进出油罐孔洞。容量较大的卧式油罐，分别在油罐上方的两头各装一个人孔。容量较小的卧式油罐，有的只装一个

ϕ600 人孔。

量油孔的孔径一般亦有 ϕ100、ϕ150 两种，卧式油罐大多选用 ϕ100 孔径。

阻火器、呼吸阀的产品已成系列，规格一般有 Dg50、Dg80、Dg100、Dg150、Dg200、Dg250，其规格的选择应与呼吸管同径，且不得小于 Dg50。

阻火器的产品过去有两种，一种是金属网式，一种是波纹板式，据实践使用和有关部门检测，金属网式不符合要求，故须选用波纹板式阻火器。

二、 地上卧式油罐附件的安装

卧式油罐附件中的人孔、采光孔，通常在工厂制作油罐时就一并安装好了，而其他附件则需要在现场安装。对于储存轻油的地上式油罐，应安装阻火器、呼吸阀、测量孔、进出油管、放水管、接地装置及梯子、平台等附件。

（一）测量孔、阻火器、呼吸阀的安装

对于地上高架式和地上地面式卧式油罐，测量孔、阻火器、呼吸阀均应组合安装在人孔盖上，不应在油罐壁的其他部位另外开孔安装。三种附件的安装也有几种形式，有的将测量孔和呼吸管组合在一起，如图 4-9 所示，这样在人孔盖上只开一个孔、接一条短管；有的将二者分开安装，如图 4-10 所示。阻火器和呼吸阀两者必须上、下组合在一起安装，使油罐吸气或呼气都必须同时通过呼吸阀与阻火器，保证火种不被吸入罐内。阻火器和呼吸阀谁在上、谁在下，也有两种组合方式。图 4-11 所示为阻火器安装在呼吸阀上面的组合方式，这样罐外火种首先通过阻火器，被阻火器阻隔，使呼吸阀接触不到火种的侵害。这种组合形式，呼吸阀需选用管通式呼吸阀，阻火器上还应安装防尘防雨罩。也有的厂家将阻火器和防尘防雨罩组合在一起，加工成一个产品，称防爆罩波纹阻火器，这种产品便于安装。图 4-12 所示为阻火器在呼吸阀下面的组合方式，这是常见的组合方式。这种方式，呼吸阀需选用机械呼吸阀。

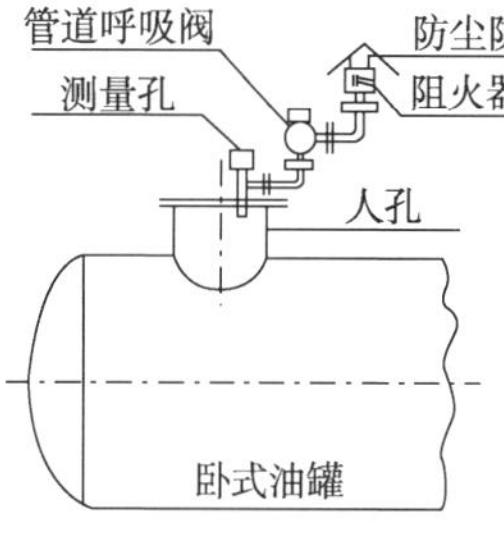

图 4-9 测量孔和呼吸管组合在一起

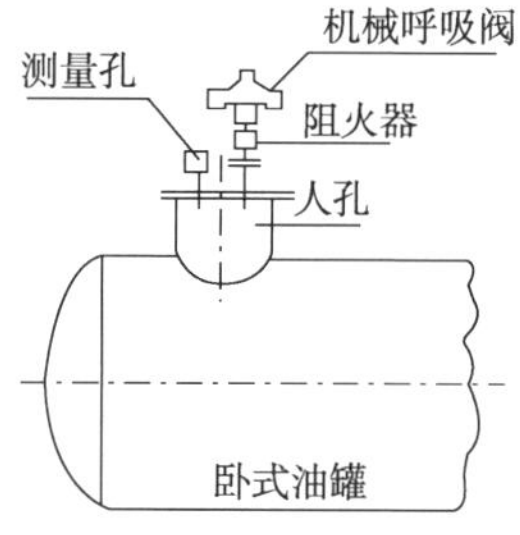

图 4-10 测量孔和呼吸管分开设置

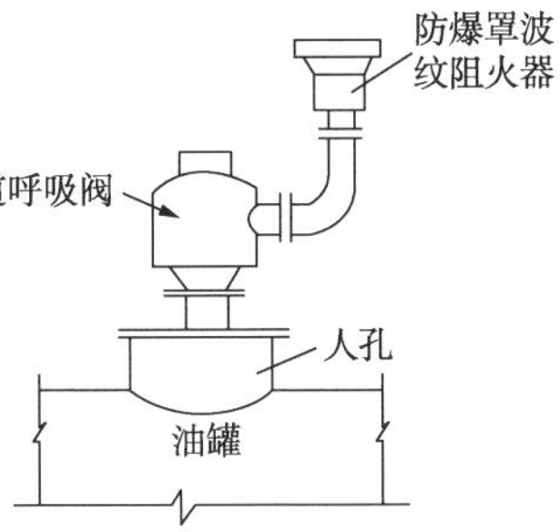

图 4-11　阻火器安装在呼吸阀上面

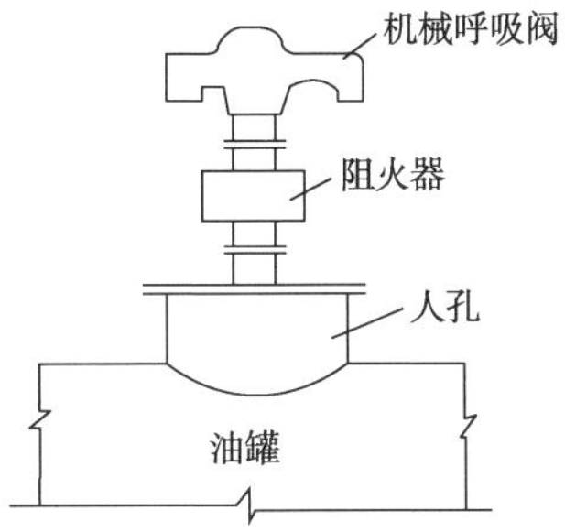

图 4-12　阻火器安装在呼吸阀下面

过去建造的加油站中，有的将卧式油罐安装在室内，对于室内式卧式油罐，测量孔、阻火器、呼吸阀三者组合形式可以与地上高架式、地上地面式卧式油罐大体相同，其区别在于室内式必须将呼吸阀安装在室外，使油气呼在室外，防止油气在室内集聚，以确保安全，详见图 4-13~图 4-15。

测量孔每个油罐必须单独安装一个。而呼吸阀和阻火器，对于卧式油罐就不一定每个罐单独各装一个，应具体分析。对于单罐单机制和单罐多机制的流程，当然每个罐必须单独安装一套呼吸阀和阻火器。单罐多机制的呼吸阀、阻火器须选比吸油管大的规格，以满足多机同时工作时的呼吸。对于多罐单机制的流程，且储存同种油品的油罐，可以将几个罐的呼吸系统连起来，共装一组呼吸阀和阻火器，如图 4-13、图 4-14 所示。

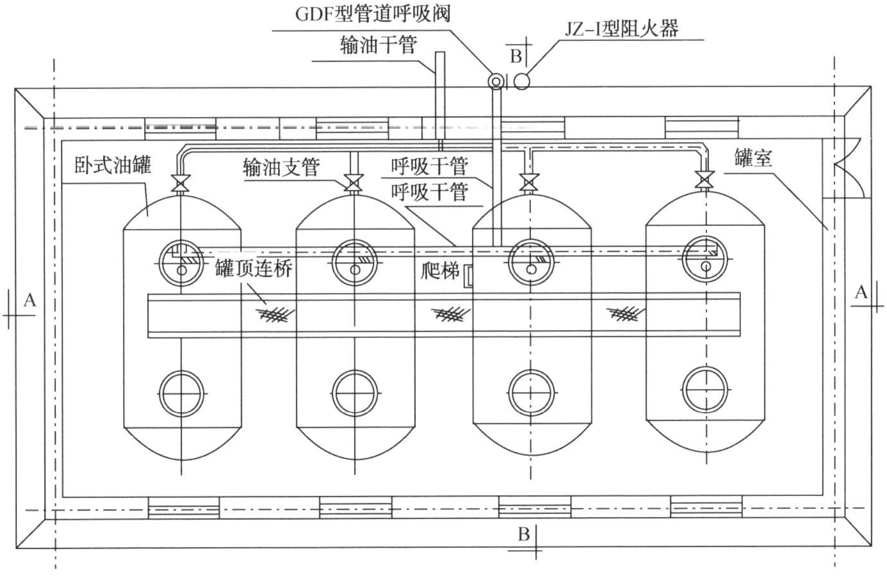

图 4-13　室内卧式油罐组平面图

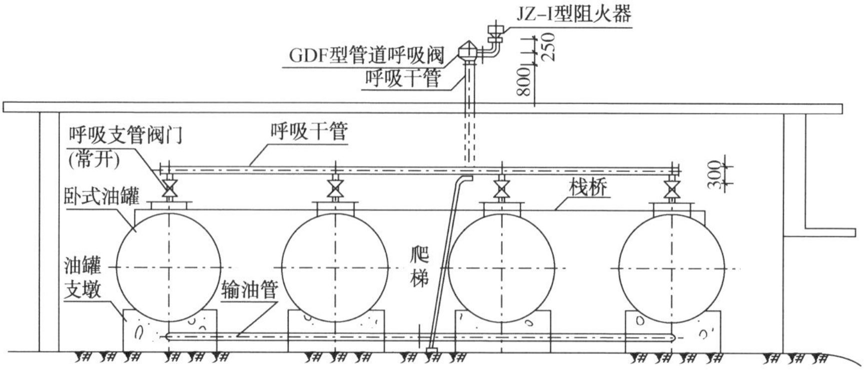

图 4-14　A-A 剖视

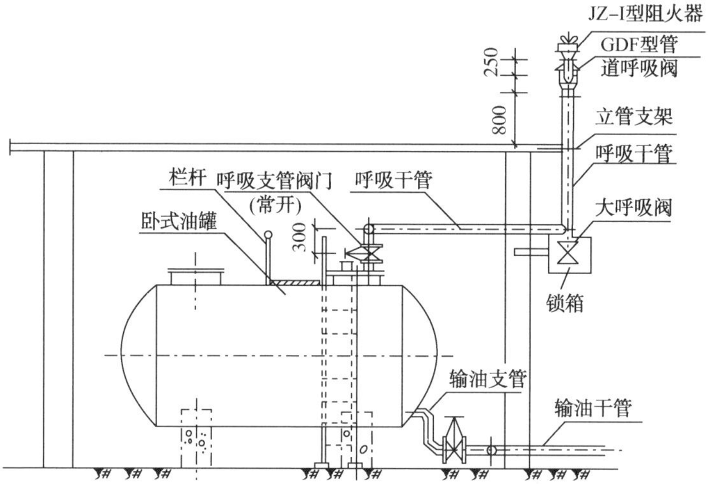

图 4-15　B-B 剖视

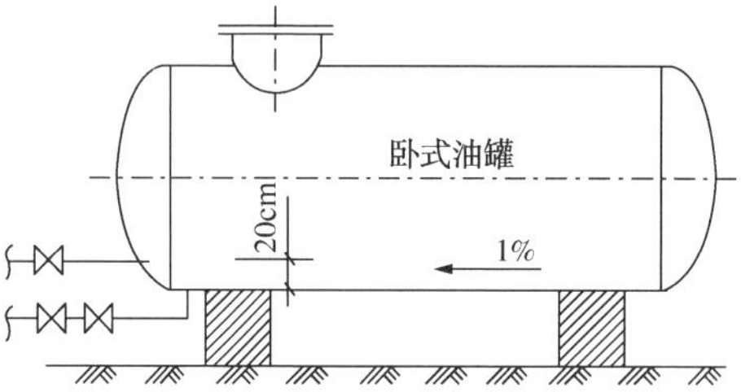

图 4-16　进出油管和放水管的安装

(二) 进出油管和放水管的安装

进出油管和放水管(又叫排污管)，对于地上式卧式油罐的安装方式均相同，如图 4-16 所示。进出油管安装在距罐底约 20cm 高处，放水管安装在油罐最低的一头的下部，使水或油污可彻底排净，减少人工进罐清淘。

（三）梯子、平台的安装

梯子和平台是为了供作业人员上罐方便和操作安全而安装的。单个油罐，在罐顶测量孔和呼吸阀、阻火器的附近装一操作平台即可。多个卧式油罐布置成一排的油罐组，应如图 4-13~图 4-15 所示那样，安装一个通行的栈桥和栏杆。

三、 地下卧式油罐附件的安装

（一）测量孔、呼吸阀、阻火器的安装

测量孔、呼吸阀、阻火器的组合、安装，地下式与地上式基本相同。不同之处：地下埋土罐可不装呼吸阀；地下低位埋置式，为了把油气送至高空，应把呼吸管伸高距地面 4m 以上，把阻火器安装在呼吸管顶端。为了固定呼吸管和便于检修阻火器，应装油气管塔，详见第五章第四节的图 5-8~图 5-10。

（二）进出油管的安装

地下式油罐的进油管（即卸油管）和出油管（即吸油管），与地上式油罐不同：第一，地上式油罐，进、出油管通常合用一根；而地下式油罐，进、出油管应分开设置。第二，地上式油罐进、出油管安装在距罐底 20cm 高处；而地下式油罐进、出油管一般均由罐顶人孔盖接入，伸至距油罐底约 20cm 高处。

（三）人孔井的设置

为了防止覆土掩埋人孔，地下式油罐应砌筑人孔井。人孔井尺寸，详见人孔井平面图 4-17 和人孔井剖面图 4-18。

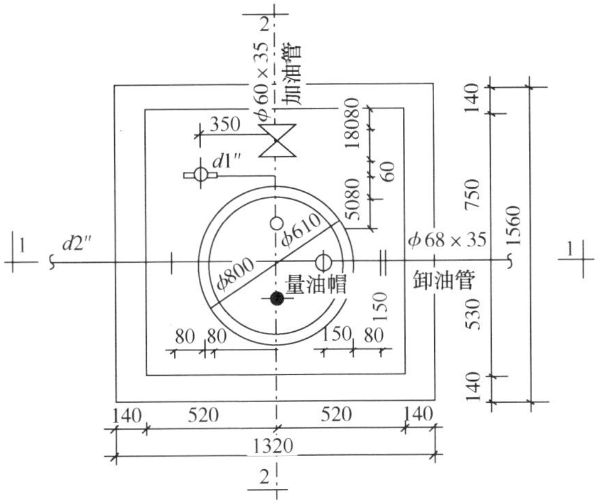

图 4-17　人孔井平面图

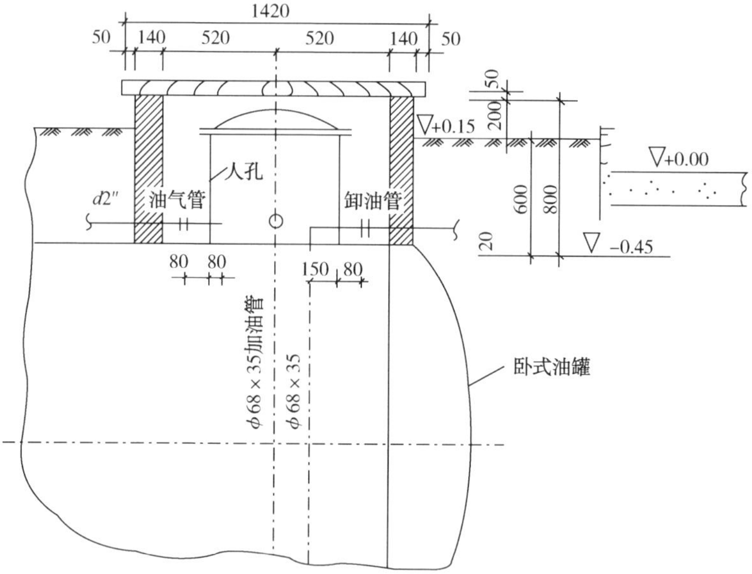

图 4-18　人孔井剖面图

四、 规范对加油站油罐接合管设置的规定

GB 50156—2012《汽车加油加气站设计与施工规范》中，对加油站埋地油罐接合管设置的规定摘编如下：

（1）接合管应为金属材质。

（2）接合管应设在油罐的顶部，其中进油接合管、出油接合管或潜油泵安装口，应设在人孔盖上。

（3）进油管应伸至罐内距罐底 50～100mm 处。进油立管的底端应为 45°斜管口或 T 形管口。进油管管壁上不得有与油罐气相空间相通的开口。

（4）罐内潜油泵的入油口或通往自吸式加油机管道的罐内底阀，应高于罐底 150～200mm。

（5）油罐的量油孔应设带锁的量油帽。量油孔下部的接合管宜向下伸至罐内距罐底 200mm 处，并应有检尺使接合管内液位与罐内液位相一致的技术措施。

（6）油罐人孔井内的管道及设备，应保证油罐人孔盖的可拆装性。

（7）人孔盖上的接合管与引出井外管道的连接，宜采用金属软管过渡连接（包括潜油泵出油管）。

第五章　加油站管路的设计与施工

油管是油品流动的通道，气管是油气排放和罐内产生负压时吸入空气的通道。油(气)管路把加油站内设施设备有机地联系起来，完成收发油的作业任务。

第一节　对加油站管路设计施工的有关规定

GB 50156—2012《汽车加油加气站设计与施工规范》，对加油站管路设计与安装有如下规定：

(1) 油罐车卸油必须采用密闭卸油方式。

(2) 每个油罐应各自设置卸油管道和卸油接口。各卸油接口及油气回收接口，应有明显的标识。

(3) 卸油接口应装设快速接头及密封盖。

(4) 加油站采用卸油油气回收系统时，其设计应符合下列规定：

① 汽油罐车向站内油罐卸油应采用平衡式密闭油气回收系统。

② 各汽油罐可共用一根卸油油气回收主管，回收主管的公称直径不宜小于 80mm。

③ 卸油油气回收管道的接口宜采用自闭式快速接头。采用非自闭式快速接头时，应在靠近快速接头的连接管道上装设阀门。

(5) 加油站宜采用油罐装设潜油泵的一泵供多机(枪)的加油工艺。采用自吸式加油机时，每台加油机应按加油品种单独设置进油管和罐内底阀。

(6) 加油站采用加油油气回收系统时，其设计应符合下列规定：

① 应采用真空辅助式油气回收系统。

② 汽油加油机与油罐之间应设油气回收管道，多台汽油加油机可共用 1 根油气回收主管，油气回收主管的公称直径不应小于 50mm。

③ 加油油气回收系统应采取防止油气反向流至加油枪的措施。

④ 加油机应具备回收油气功能，其气液比宜设定为1.0~1.2。

⑤ 在加油机底部与油气回收立管的连接处，应安装一个用于检测液阻和系统密闭性的丝接三通，其旁通短管上应设公称直径为25mm的球阀及丝堵。

(7) 汽油罐与柴油罐的通气管应分开设置。通气管管口高出地面的高度不应小于4m。沿建(构)筑物的墙(柱)向上敷设的通气管，其管口应高出建筑物的顶面1.5m及以上。通气管管口应设置阻火器。

(8) 通气管的公称直径不应小于50mm。

(9) 当加油站采用油气回收系统时，汽油罐的通气管管口除应装设阻火器外，尚应装设呼吸阀。呼吸阀的工作正压宜为2~3kPa，工作负压宜为1.5~2kPa。

(10) 加油站工艺管道的选用，应符合下列规定：

① 油罐通气管道和露出地面的管道，应采用符合现行国家标准GB/T 8163《输送流体用无缝钢管》的无缝钢管。

② 其他管道应采用输送流体用无缝钢管或适于输送油品的热塑性塑料管道。所采用的热塑性塑料管道应有质量证明文件。非烃类车用燃料不得采用不导静电的热塑性塑料管道。

③ 无缝钢管的公称壁厚不应小于4mm，埋地钢管的连接应采用焊接。

④ 热塑性塑料管道的主体结构层应为无孔隙聚乙烯材料，壁厚不应小于4mm。埋地部分的热塑性塑料管道应采用配套的专用连接管件电熔连接。

⑤ 导静电热塑性塑料管道导静电衬层的体电阻率应小于$10^8\Omega\cdot m$，内表面电阻率应小于$10^{10}\Omega$。

⑥ 不导静电热塑性塑料管道主体结构层的介电击穿强度应大于100kV。

⑦ 柴油尾气处理液加注设备的管道，应采用奥氏体不锈钢管道或能够满足输送柴油尾气处理液的其他管道。

(11) 油罐车卸油时用的卸油连通软管、油气回收连通软管，应采用导静电耐油软管，其体电阻率应小于$10^8\Omega\cdot m$，其内表面电阻率应小于$10^{10}\Omega$，或采用内附金属丝(网)的橡胶软管。

(12) 加油站内的工艺管道除必须露出地面的以外，均应埋地敷设。当采用管沟敷设时，管沟内必须用中性沙子或细土填满、填实。

(13) 卸油管道、卸油油气回收管道、加油油气回收管道和油罐通气管横管，应坡向埋地油罐。卸油管道的坡度不应小于2‰，卸油油气回收管道、加油油气回收管道和油罐通气管横管的坡度，不应小于1%。

(14) 受地形限制，加油油气回收管道坡向油罐的坡度不能满足第(13)条要求时，可在管道靠近油罐的位置设置集液器，且管道坡向集液器的坡度不应小于1%。

(15) 埋地工艺管道的埋设深度不得小于0.4m。敷设在混凝土场地或道路下面的管道，管顶低于混凝土层下表面不得小于0.2m。管道周围应回填不小于100mm厚的中性沙子或细土。

(16) 工艺管道不应穿过或跨越站房等与其无直接关系的建(构)筑物；与管沟、电缆沟和排水沟相交叉时，应采取相应的防护措施。

(17) 不导静电热塑性塑料管道的设计和安装，除应符合有关规定外，尚应符合下列规定：

① 管道内油品的流速应小于2.8m/s。

② 管道在人孔井内、加油机底槽和卸油口等处未完全埋地的部分，应在满足管道连接要求的前提下，采用最短的安装长度和最少的接头。

(18) 埋地钢质管道外表面的防腐设计，应符合现行国家标准GB/T 21447《钢质管道外腐蚀控制规范》的有关规定。

第二节 加油站管路的工艺流程设计

加油站的油(气)管路将加油站的油罐、加油机、汽车油箱等设备及运油车和油罐之间联系起来，使油品及油气沿油(气)管路流动的行程称为油(气)管路的工艺流程。

一、 油品管路的工艺流程

加油站油品管路的工艺流程比较简单，主要有两种，一种是“车—罐—机—箱”流程，一种是“罐—罐—机—箱”流程。

(一)“车—罐—机—箱”流程

这种流程是汽车油罐车把油运来，卸入加油站的储油罐内，加油机从储油罐内吸油打入来加油的汽车油箱。

汽车油罐车内的油卸入加油站储油罐的方式，因储油罐的安装位置不同而异。若油罐埋入地下、油罐车可以靠近，而且油罐车比油罐顶还高，这就可以靠高差自流卸油。若油罐置于地上、高于油罐车，则应靠油泵卸油。在汽车加油车上一般都有自装油泵，不必另用别的油泵。现行规范中不允许采用敞口卸油，要求密闭卸油。需在油罐车和油罐两个卸油口接头处，选用快速接头密封连接，避免油气散发。

储油罐至加油机间的流程有三种形式：

1. 单罐单机制

这是常采用的一种流程形式。特点是罐机对应，专罐专机，简单方便，有利管理，如图 5-1 所示。

2. 单罐多机制

一罐配两台以上加油机，每台加油机单独设置供油管。加油能力强，适用于加油作业不均衡，瞬时加油量大的加油站，如图 5-2 所示。

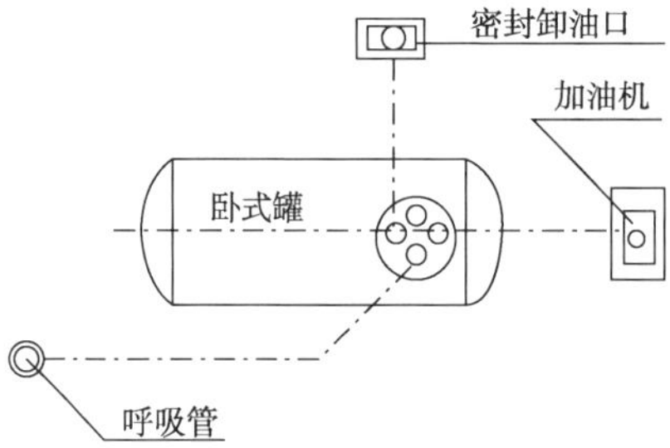

图 5-1 单罐单机布置图

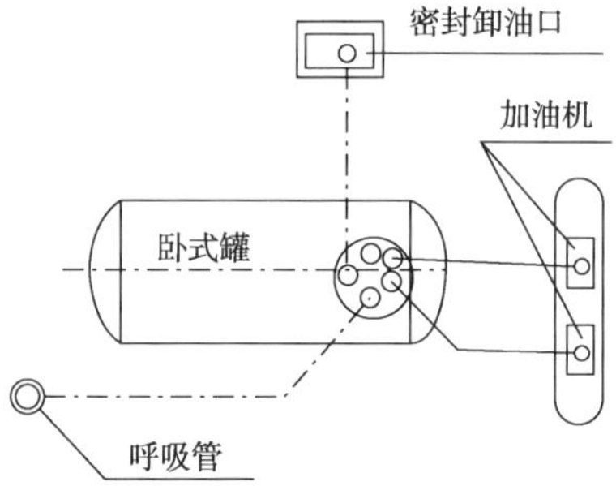

图 5-2 单罐多机布置图

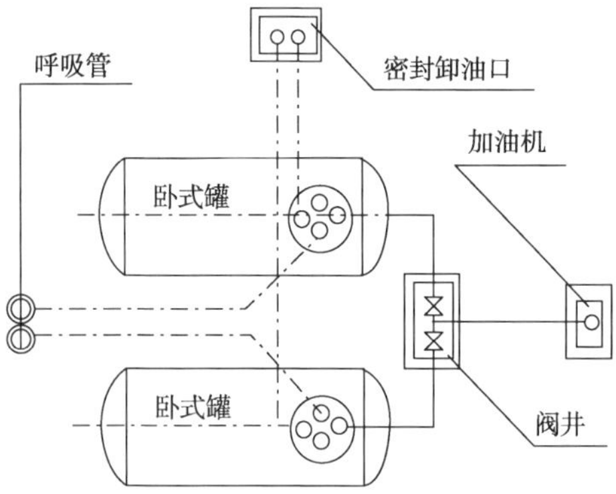

图 5-3 多罐单机布置图

3. 多罐单机制

单罐储量受到限制，油品储量要求增大时，采用此种布置。为了防止罐与罐之间互相受影响，应设置阀门。当使用某一罐时，将其余罐的进油管阀门关闭，如图 5-3 所示。

（二）“罐—罐—机—箱”流程

这种流程适用于库站合一的加油站或油库附近附属的加油站。我国许多县级小油库常采用这种流程。它的特点是油品不需车辆运输，直接从油库储油罐或高架罐输入加油站储油罐，没有运输成本，费用低，进油及时。

加油机到汽车油箱，过去国产加油机多为一机一枪，即一台加油机，带一条加油胶管、一把加油枪，目前国产加油机多为一机多枪，用加油枪给汽车油箱加油。

二、油气管路的工艺流程

加油站油气管路的工艺流程，又称油气呼吸系统。现行规范要求，每个直埋油罐的油气呼吸管宜单独设置，直埋地下的轻油油罐的呼吸管，管口必须安装阻火器，但可不安装呼吸阀。地上轻油油罐除须安装阻火器外，尚应安装呼吸阀。

第三节 加油站管路系统参数选择

一、加油站管路的壁厚选择

加油站管路的工作压力很小，管路壁厚的选择无需从管路的耐压能力考虑，而主要从管路的腐蚀余量和使用寿命考虑。因为直径小于 50mm 的钢管，当壁厚为 0.5mm 时，即可承受 1.6MPa 的压力。一般腐蚀余量考虑 2mm 以上，可见加油站的管路壁厚选择 2.5mm 以上就可以。管径大的选厚一点，管径小的选薄一点，但 GB 50156—2012《加油加气站设计与施工规范》中规定，无缝钢管的公称壁厚不应小于 4mm，故设计时管壁厚选用 4mm 即可。

二、加油站管路的管材选择

加油站管路的管材一般选碳素钢管就可以，按现行规范要求，油管选用无缝钢管，油气管选择焊接钢管也可以，加油机与加油枪连接用制式耐油胶管，一般由加油机出厂时配套供货。

三、加油站泵输送管路的管径选择

加油站用泵输送油品的管路管径 d 的选择，用公式(5-1)计算：

$$d = 1.13\sqrt{Q/V} \tag{5-1}$$

式中 Q——泵送流量，m^3/s；

V——经济平均流速，m/s，见表 5-1。

表 5-1　管内油品经济平均流速范围表

恩氏黏度/°E	运动黏度/(mm^2/s)	泵吸入管线流速/(m/s)		泵排出管线流速/(m/s)	
		范　围	常取值	范　围	常取值
1~2	1~11.4	0.5~2.0	1.5	1.0~3.0	2.5
2~4	11.4~28.4	0.5~1.8	1.3	0.8~2.5	2.0
4~10	28.4~74	0.3~1.5	1.2	0.5~2.0	1.5
10~20	74~148.2	0.3~1.2	1.1	0.5~1.5	1.2
20~60	148.2~444.6	0.3~1.0	1.0	0.5~1.2	1.1
60~120	444.6~889.2	0.3~0.8	0.8	0.5~1.0	1.0

四、　加油站油气管路和卸油管路的管径选择

油气管路和卸油管路的流程简单，长度不会太长，又无流量大小的要求，因此这两种管路管径的选择不必计算。

GB 50156—2012《汽车加油加气站设计规范》中规定，“油气管公称直径不应小于 50mm”，因此当加油机吸油管管径小于或等于 50mm 时，油气管管径应选 50mm；当吸油管管径大于 50mm 时，油气管应选与吸油管同径的油气管。

卸油管管径选择应按汽车油罐车的卸油管确定，一般应使两者同径，这样便于连接。

五、　加油站加油机吸油管路的参数选择

加油站加油机吸油管路选择有两种情况：一种是油罐和加油机的相对位置和标高已定，即吸油管路长度已知，求吸油管的管径；一种是油罐和加油机的相对高差和吸油管管径已定，求吸油管的管长，即校核油罐的位置是否距加油机太远而加油机吸不上油来。

（一）已知管长求吸油管管径

加油站多为埋地卧式油罐，一般埋设方法如图 5-4 所示。

从图 5-4 可知加油机泵轴中心与油罐最低液面的几何高差为 $H_J = H + D + 0.4$，式中，H 为加油机泵轴中心高度，D 为卧式罐直径，H、D 均可从样本上查得，或按实物测量求得。加油机样本上给出的吸程 H_X（即允许吸入高度）除了要克服几何高差 H_J 外，还要克服吸油管路的摩擦阻力 h。也就是说只有 $H_X \geq H_J + h$（即 h

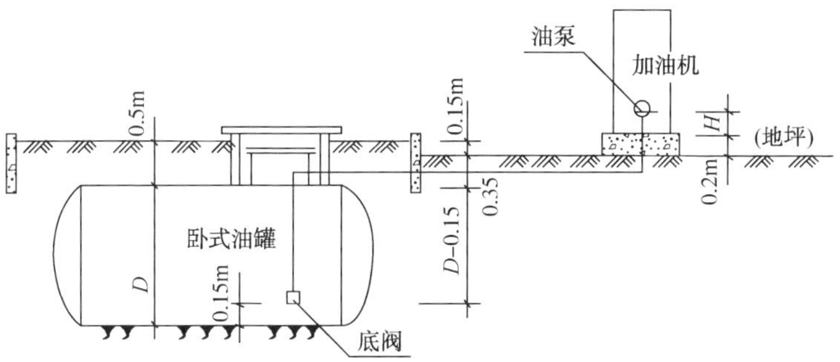

图 5-4 吸油管安装关系图

$\leqslant H_X - H_J$)时，加油机才能吸上油而正常工作。管路的摩擦阻力 h 包括管道本身的摩擦阻力和管件的局部阻力，管件的局部阻力计算比较麻烦，为简便起见，可近似将管件局部阻力按总阻力的 10%计，则管道本身的摩擦阻力 h' 占总阻力的 90%，也就是管道本身摩擦阻力应满足 $h' \leqslant (H_X - H_J) \times 90\%$ 即可。管长 L 已知，则每米管长的摩擦阻力，即油管的压降为：

$$i = \frac{h'}{L} = \frac{H_X - H_J}{L} \times 90\% \tag{5-2}$$

加油的品种已知，即油品的黏度 $\boldsymbol{v}$ 已知，加油机加油流量 Q 一般要求 1L/s，则由 i、$\boldsymbol{v}$、Q 三个已知数去查油管的水力坡降表，即可查得吸油管的管径 d。

也可以将吸油管路上的管件查表，求得其当量长度。

将管件局部阻力的当量长度 $L_{当}$ 与吸油管长 L 相加，去除 h'，求得每米管长的摩擦阻力 i，再去查油管的水力坡降表，也可查得吸油管的管径 d。

（二）已知管径求吸油管管长

同样以图 5-4 所示的安装关系为例，如已知几何高差 H_J，加油机允许管道本身的摩擦阻力为 h'，油品的黏度为 $\boldsymbol{v}$，加油的流量为 Q，则按选择的管径 d，即可从油管水力坡降表中查得单位管长的摩擦阻力 i，已知 h' 和 i，即可用公式 $L = h'/i$ 求出相应的管长。国产加油机泵轴中心高度 H 约为 0.3m，允许吸入高度 H_X 一般为 4m，50m^3、25m^3 卧式油罐直径 D 一般为 2.54m，20m^3、10m^3 的卧式油罐直径一般为 2.1m。将这些数据分别代入前面相应的公式，以上述方法查表即可得出加油机吸程为 4m、加油量为 1L/s 时，不同油罐直径、不同油品的吸油管管径和管长的关系，见表 5-2。

不过表 5-2 中的管长未考虑管件的局部阻力，为安全起见，确定吸入管长时，应减去 10%，或减去由表 5-2 求得的管件局部阻力的当量长度 $L_{当}$。

表 5-2　加油机吸入管管径和管长关系参考表

罐容 /m^3	罐径 D /m	加油机吸程 H /m	几何高差 H_J /m	管道阻力 h' /m	加油流量 Q /(L/s)	油品黏度 υ /(mm^2/s)	压降 i /(m/m)	管内径 d /mm	管长 L /m
50	2.54	4	3.24	0.68	1 (3.6m^3/h)	1	0.0025	63	272
						10	0.0035		194
						1	0.00809	53	84
						10	0.0118		57
25						1	0.02	41	34
						10	0.035		19
						1	0.15	27	4.5
						10	0.23		3
20	2.10	4	2.8	1.08	1 (3.6m^3/h)	1	0.0025	63	432
						10	0.0035		308
						1	0.00809	53	133
						10	0.0118		91
10						1	0.02	41	54
						10	0.035		30
						1	0.15	27	7
						10	0.23		4.7

注：① 本表是在诸多假定条件下计算的结果，假定条件与本表不同时，管长也应相应变化。

② 表中油品黏度 1mm^2/s 为汽油在-18℃左右的黏度，10mm^2/s 为轻柴油在 15℃左右的黏度。

六、 加油站高架（高位）罐自流发油管路的参数选择

在高架(高位)罐自流发油系统中，应进行高架(高位)罐架设高度和管径选择的协调计算，使之更安全可靠、经济合理。一般应先考虑平面布置，确定高架(高位)罐和加油机的位置，这个位置确定后，管长即知，这时就可计算油罐架设高度和管径。

(一) 油罐架设高度确定

一般先根据要求流量，初选经济管径，再计算管路的摩擦阻力。该管路摩擦阻力就是高架(高位)罐最低架设高度。该高度如能满足当地地质、气象等自然

条件下的结构设计要求，且较经济合理时，即选这个高度。若达不到这些要求，则应降低高度、加大管径，重新校核计算。

（二）管路自流流程管径的选择

在高架(高位)罐的高度、位置确定的情况下，则自流时能提供的位差和管长即可确定，位差除以管长即得单位管长的允许摩擦阻力。为除掉管件局部摩擦阻力的因素，位差除以管长求得值，再乘以 0.8，以此值为允许单位管长摩擦阻力和要求的自流流量及油品黏度去反查油管水力坡降表，即可查得管径。

第四节　加油站管路敷设与安装

一、 管路的敷设形式

管路敷设形式一般有三种，即地面敷设、管沟敷设和埋地敷设。地面敷设即管路设在地坪以上，用管礅或管架将管线托起，不被地面水浸泡。这种敷设方式便于对管线直观检查，便于维修保养。管沟敷设是将管路安装在砌筑好的管沟内，一般亦应用管礅或管架将管线托起。加油站的管线较少，管径也较小，一般只搞不通行人的小管沟，并且多半用于穿越车道或其他构筑物的管段，这样管线不会被压坏，也便于更换管段。埋地敷设是加油站管路多采用的敷设形式，这种敷设形式不影响交通，管线也少受气象的影响，相对比较安全。

管路的三种敷设形式比较，现在主张尽量采用埋地敷设或地面敷设，尽量不用管沟敷设。

二、 不同敷设形式的管路在施工时应考虑的主要问题

（一）地面管路

地面管路施工时，主要考虑三个问题。

（1）管线不影响交通，便于人和车辆通行。在通过人行道和车行道时，应采取架高跨越或由地下穿越的方式。由地下穿越时又有三种方式，第一种是砌筑局部管沟，管线从沟内穿过，并用砂土将沟内填满，沟两端应封堵，防止地下水浸入；第二种是加套管，管线穿过套管，套管两端亦应封堵；第三种是将管线顶直接埋深在 40cm 以下，防止行车压坏管段。

（2）管线安装要稳固。地面管线应用管礅托起。架空管线应用管架固定。但

应注意滑动管架，既要不使管子从管架上掉下来又不影响管子前后胀缩移动。加油站管线直径一般不会大于 *DN*100mm，每隔 5m 左右设一个滑动支礅或支架即可。

(3) 管线热胀冷缩时的补偿。补偿器常见的有三种，即波纹管式、填料筒式、曲管式补偿器，加油站适用曲管式补偿器。三种补偿器的优缺点和适用范围见表 5-3。

表 5-3　三种补偿器比较表

形式	优点	缺点	适用范围
波纹管式	结构简单，紧凑，体积小，严密性好，不需检修	补偿能力小，使用压力低，一般为 0.2~0.5MPa；易积水积物	现在较少应用，不宜用于小口径管上
填料筒式	结构简单，紧凑，补偿能力大，可到 200~250mm 以上	严密性较差，必须定期更换填料，有时有卡住的危险	一般用于 1MPa 以下，管径在 150mm 以上
曲管式	制造安装容易，使用方便，补偿能力大，通常可达 400mm，推力很小	尺寸大，安装受地形、管沟条件的限制	用于温度和压力较高的管路上

每个补偿器的两边应装固定支座，固定支座的最大距离因管路的管径和补偿器类型的不同而不同，管路固定支座间最大距离，见表 5-4。

表 5-4　管路固定支座间的最大距离　　m

补偿器类型	敷设方式	管径						
		40mm	50mm	70mm	80mm	100mm	125mm	150mm
Π 型	管沟、地上	45	50	55	60	65	70	80
Ω 型	管沟、地上	45	50	55	60	65	70	80
套筒型	管沟、地上						50	55
波纹管式	管沟、地上						15	15

（二）管沟管路

管沟管路施工时主要也应考虑三个问题：一是防止管沟内油气集聚，因为油气集聚会带来极大的危险性；二是防止管沟内进水浸泡管路；三是考虑管路伸缩补偿。三个问题中应特别注意防止油气集聚。为此在管沟中尽量少用法兰和丝扣连接，应采用焊接连接，以防管线腐蚀穿孔跑油跑气，造成油气集聚。对于不通行的小管沟，主张用砂填充，彻底去掉气体空间。管沟内填满砂，将管线埋在砂中，不但解决了油气集聚问题，而且也无需考虑防水，也不用考虑管线伸缩补偿。管沟管与埋地管基本一样，但比埋在混凝土路面下的管线容易打开维修保养。

（三）埋地管路

埋地管路施工时应考虑两个问题：

(1) 防止管路被压坏。特别是车行路下埋设的管路更应注意。采取的方法与架空管路穿过车道的方法一样：一是将管顶最少埋深 40cm；二是加套管；三是砌筑局部管沟加可过车的盖板。

(2) 防止管路被腐蚀。埋地管比地面管、管沟管更容易腐蚀，再加上埋地管不容易检查、维修、保养，所以对埋地管，包括管沟内填满砂的管沟管，一定要做好防腐，防止管子被腐蚀穿孔，以延长管路的使用寿命。

三、 不同用途的管路安装要求

（一）加油管

对于埋入地下的油罐至加油机油泵吸入口的管段称为加油机的吸油管；对于高架或高位罐自流发油的管段称为发油管。吸油管和发油管统称为加油管路。为了使管线可以放空维修，加油机吸油管应设不小于 2‰的坡度，且坡向埋地油罐。高架(高位)罐的发油管应坡向某一最低位置，设放空小阀井。为了使加油机吸油管经常处于充满状态，保证随时可发油，须在伸入油罐的吸油管端安装底阀。距油罐底约 20cm 以下的油，水分、杂质较多，不能发出使用。为了控制油罐 20cm 最低发油高度，高架(高位)罐发油管的出油口和加油机吸油管端底阀，应安装在距卧罐底 15~20cm 高处。

（二）卸油管

将汽车油罐车拉来的油卸入加油站储油罐的管段称为卸油管。对于埋地卧式储油罐，或汽车油罐车可以直接开至高位罐埋置的场地，汽车油罐车比油罐顶高，则可利用高差自流卸油，这种卸油管应从罐顶上部连接，伸至罐内。为了防止油料自流落时飞溅与空气摩擦产生静电，卸油管端应伸至距油罐底约 5~10cm 高处。卸油管应设 2‰坡度，坡向油罐。现行规范要求密闭卸油，所以在卸油管与汽车油罐车连接的一端需装快速接头，并设卸油井。将不同油品卸油管端都接在卸油井中，使汽车油罐车定位卸油。接头数不同的卸油井安装图详见图 5-5~图 5-7。

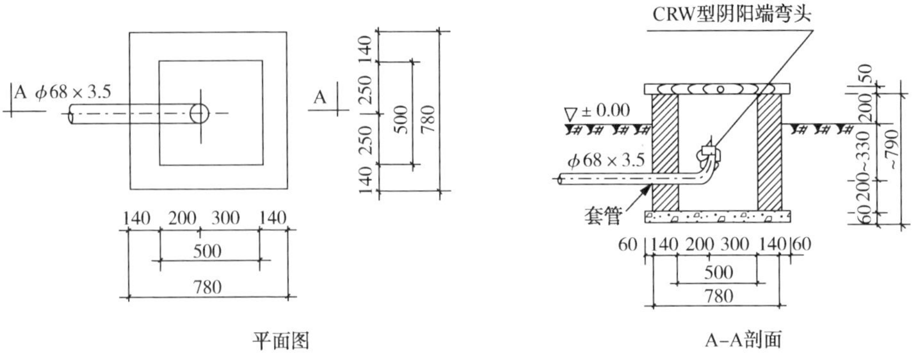

图 5-5　单头卸油井

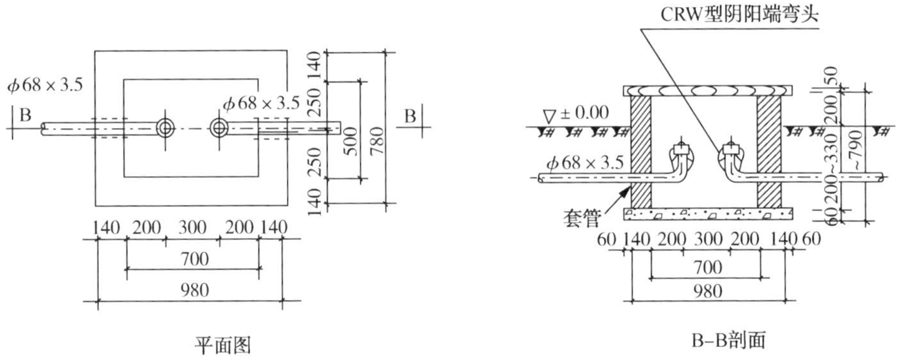

图 5-6　双头卸油井

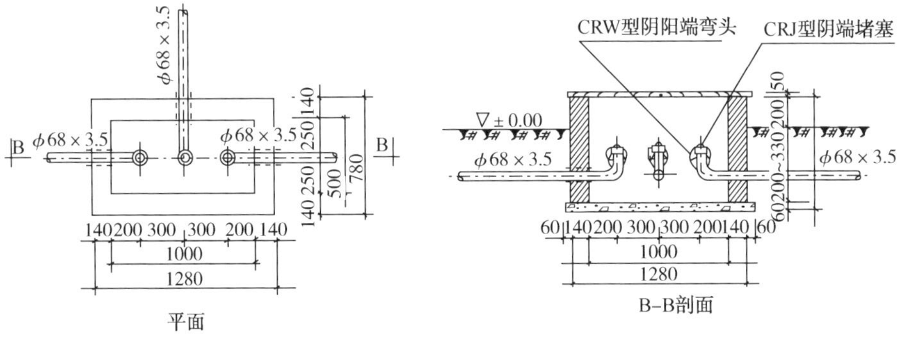

图 5-7　三头卸油井

（三）油气管

油气管是控制油罐内压力，减少油蒸气损耗的管路系统。当罐内压力大于罐外大气压力的差值超过油罐能承受的数值时，罐内的油蒸气就会沿油气管排至大气。为了安全起见，现行规范要求，油气管口应高出地面至少 4m，沿建(构)筑物的墙(柱)向上敷设的油气管口，应高出建筑物的顶面或屋脊 1m，其与门窗距离不应小于 3.5m，油气管口与加油站围墙的距离不应小于 3m。

为了对伸高 4m 的油气管安装固定，并便于检查、维修阻火器和呼吸阀，笔者专门设计有油气管塔，详见图 5-8～图 5-10、表 5-5。

油气管水平敷设的管段应设不小于 2‰的坡度，坡向埋地油罐，以便排放油气管内冷凝液，保证油气管畅通无阻。

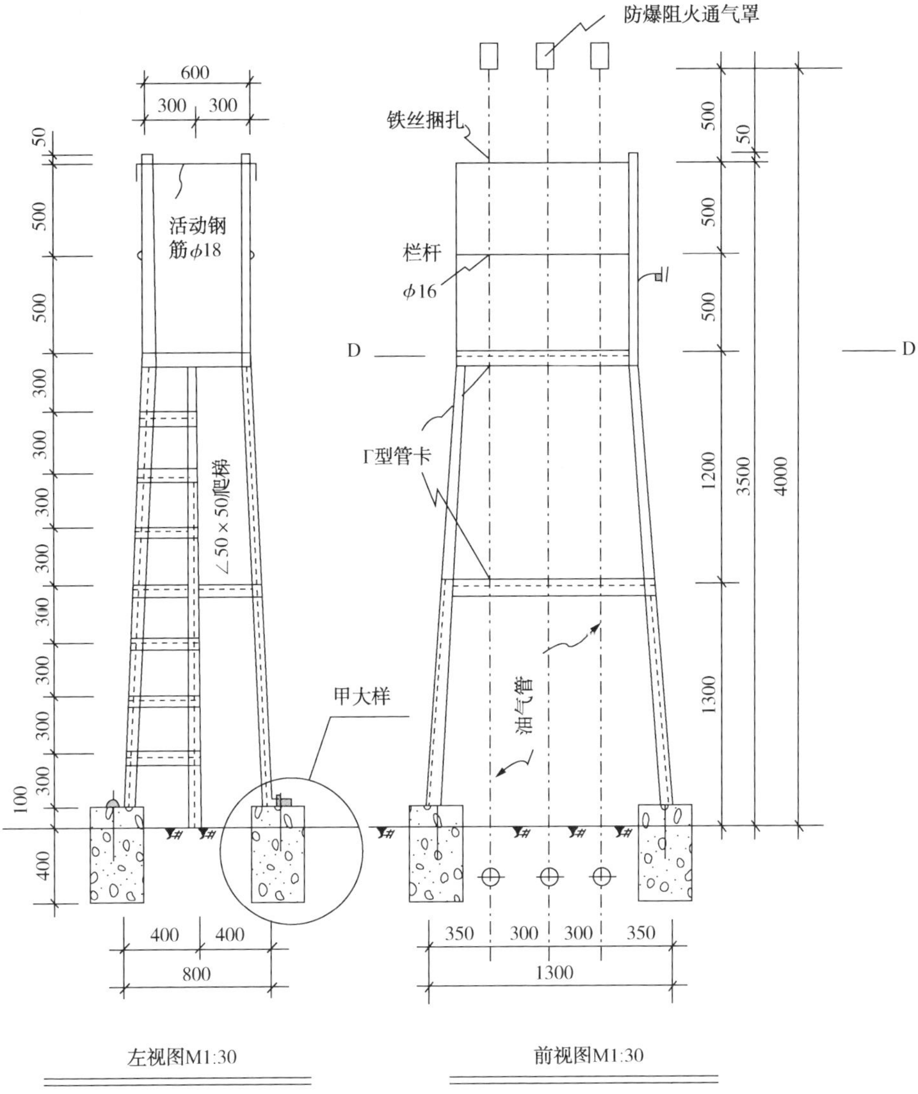

图 5-8 油气管塔图(一)

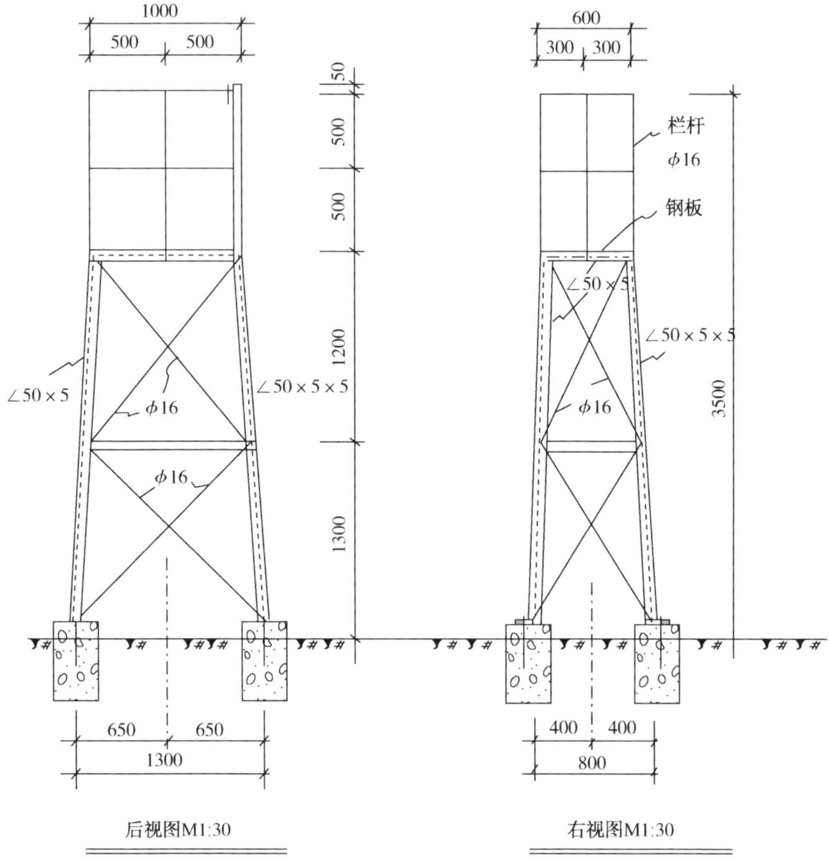

图 5-9 油气管塔图(二)

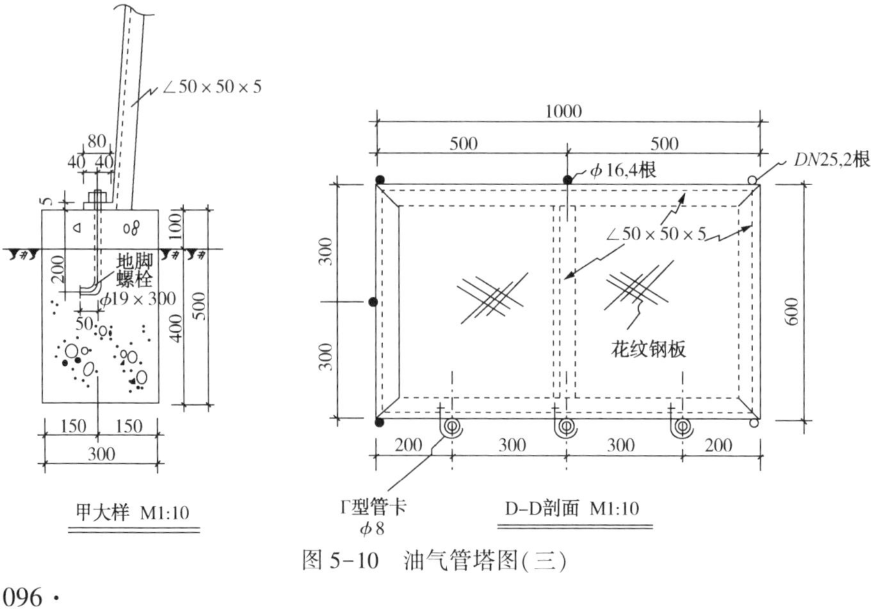

图 5-10 油气管塔图(三)

表 5-5 油气管塔材料表

序号	项目	数量	规格	备注
1	角钢/m	24	50×50×5	
2	钢筋/m	24	$\phi16$	
3	钢管/m	2.2	*DN*25	栏杆口部用
4	钢板/块	1	1000×600×5	花纹钢板
5	地脚螺栓/个	4	$\phi16$×300	带 M16 螺母
6	Γ 型管卡/个	6	$\phi8$	
7	混凝土柱/个	4	300×300×500	

四、 管路的连接

管路的连接方法通常有丝扣连接、法兰连接和焊接等三种。

丝扣连接多用于水煤气镀锌钢管，而且直径较小，多为 50mm 以下的管。法兰连接多用在安装阀门和管件的地方。这两种连接方法不适用直接埋地的管，只能用在地面管和不填砂土的管沟管。

焊接方法多用于大管径、无缝钢管。埋地管线必须用焊接连接。加油站的吸油管、卸油管为无缝管，且多为埋地管，所以除安装阀门的地方需用法兰连接外，其他管段须用焊接连接。加油站的油气管应采用无缝钢管，其埋地管段应用焊接连接，地上管段可用丝扣连接或法兰连接。埋地管线装法兰或装阀门的节点处，应砌筑阀井保护。

管路焊接时，规范上都有详细要求，主要有：要求两段管对接时管壁错口偏移不得大于壁厚的 10%，且不得大于 2mm；相邻的两个焊缝距离不得小于管径，且不少于 20mm；对接焊缝到弯曲起点的距离不得小于管径，且不小于 100mm；在管子上开孔，离焊缝的距离不得小于 100mm；管壁厚度大于 3mm 对焊时，管头应切坡口；焊缝不得有裂纹、夹渣、气孔和砂眼等缺陷，表面应光洁平整，焊波宽窄和高度应均匀；管路焊缝不应布置在支礅(架)上或穿越道路和隔墙的套管中。

管子和法兰连接时，法兰密封面和管子轴线应垂直，最大偏差不超过 1~2mm；两法兰连接时，两法兰的密封面应相互平行，两对称点之间最大与最小间隙之差不超过 0.2mm；连接法兰间不允许加双垫、偏垫，法兰螺栓紧固时用力应均匀。

五、 管路的防腐

为了防止管路被腐蚀，对管路外壁必须进行防腐。管路敷设形式不同，选用的防腐涂料及涂层结构也不同。

（一）地上管路防腐结构及材料用量

地上管路防腐结构及材料用量，见表 5-6。

表 5-6 地上管路防腐结构及材料用量表 kg/m^2

结构形式	名称	用量
红丹漆二遍	红丹	0.24
	清油	0.12
	汽油	0.24
醇酸磁漆二遍	醇酸磁漆	0.18
	醇酸磁漆稀料	0.02

（二）地下管路防腐结构、防腐施工及材料用量

1. 石油沥青防腐

（1）石油沥青防腐结构见表 5-7。

表 5-7 地下管路石油沥青防腐结构表

防腐涂层等级	土壤电阻/Ω	防腐涂层结构	每层沥青厚度/mm	涂层总厚度/mm	用料量
普通防腐	>50	沥青底漆→沥青→玻璃布→沥青→玻璃布→沥青→聚乙烯工业膜	约 1.5	>4.5	沥青每道 $1.5kg/m^2$，汽油 $0.35kg/m^2$，玻璃布每道 $1.2m^2/m^2$，聚乙烯工业膜每道 $1.2m^2/m^2$
加强防腐	20~50	沥青底漆→沥青→玻璃布→沥青→玻璃布→沥青→玻璃布→沥青→聚乙烯工业膜	约 1.5	>6.0	
特强防腐	<20	沥青底漆→沥青→玻璃布→沥青→玻璃布→沥青→玻璃布→沥青→玻璃布→沥青→聚乙烯工业膜	约 1.5	>7.5	

（2）管路石油沥青防腐施工要点：

① 底漆（冷底子油）配制及涂刷：

将沥青加热至 160~180℃ 脱水，待冷却到 60℃ 左右时，按汽油：沥青 = 3：1

(质量比)将汽油倒入沥青内，边倒边搅拌。然后将配制好的底漆涂刷到需要防腐的输油管路上，其厚度应为0.1~0.2mm，涂刷要均匀，防止流挂、空白、凝块、斑点等缺陷。

② 沥青防腐涂料(沥青玛碲脂)配制及涂刷：

其配方见表5-8、表5-9。配制时将沥青加热至160~180℃(不超过200℃)脱水；沥青脱水后，将温度降至120~140℃，然后将填充料逐渐加入搅拌，防止填充料沉底或产生疙瘩；填充料加完后再升温，加入增韧剂搅拌均匀，则成沥青防腐涂料；趁热将沥青防腐涂料涂刷到刷过底漆的输油管路上，并缠足保护加强材料。这里要特别注意掌握加热温度，防止焦化，以免影响涂层质量。

表5-8 沥青防腐涂料配方(一) %

材料	沥青	红土或白土	再生废机油
夏季施工用	80~86	11~17	3
冬季施工用	82~86	9~13	5

表5-9 沥青防腐涂料配方(二) %

材料	春秋季施工		冬季施工		潮湿地管路用	
	配方一	配方二	配方一	配方二	配方一	配方二
4#沥青		35	83	83		81
5#沥青	80	44			73	
高岭土	15	15	12.5	14.5		
车轴油		3	4.5	2.5		
汽缸油	5				1.8	2
石棉灰		3				
松香					15.2	17
矿渣硅酸盐水泥					10	

(3) 地下管路石油沥青防腐材料消耗见表5-10。

2. 煤焦油瓷漆防腐

煤焦油瓷漆防腐在国际上已有100多年的应用历史。它具有成本低、比石油沥青吸水率小、防腐性能优异的优点，特别突出的是它具有抗细菌腐蚀、抗植物根系穿入的性能。因此它特别适用于腐蚀性强、细菌繁殖发达的地区，在我国使用已有60多年的历史。

表 5-10　地下管路石油沥青防腐材料消耗参考表

无缝钢管		绝缘面积/m^2	普通绝缘						加强绝缘						特别加强绝缘					
公称直径/mm	外径/mm		5#沥青/kg	4#沥青/kg	汽油/kg	高岭土/kg	牛皮纸/m^2	玻璃布/m^2	5#沥青/kg	4#沥青/kg	汽油/kg	高岭土/kg	牛皮纸/m^2	玻璃布/m^2	5#沥青/kg	4#沥青/kg	汽油/kg	高岭土/kg	牛皮纸/m^2	玻璃布/m^2
40	48	0.1508	0.226	0.136	0.078	0.090	0.15	0.15	0.452	0.271	0.157	0.181	0.15	0.18	0.678	0.407	0.241	0.271	0.15	0.36
50	57	0.1791	0.269	0.161	0.093	0.107	0.18	0.18	0.537	0.322	0.186	0.215	0.18	0.21	0.779	0.483	0.286	0.322	0.18	0.43
50	60	0.1885	0.283	0.170	0.098	0.113	0.19	0.19	0.565	0.339	0.196	0.226	0.19	0.23	0.848	0.509	0.302	0.339	0.19	0.45
70	76	0.2388	0.358	0.215	0.124	0.143	0.24	0.24	0.716	0.430	0.248	0.286	0.24	0.29	1.074	0.645	0.382	0.430	0.24	0.57
80	89	0.2796	0.419	0.252	0.145	0.168	0.28	0.28	0.839	0.503	0.291	0.335	0.28	0.33	1.258	0.755	0.447	0.503	0.28	0.67
100	108	0.3393	0.509	0.305	0.176	0.200	0.34	0.34	1.018	0.610	0.352	0.408	0.34	0.41	1.509	0.916	0.543	0.611	0.34	0.81
100	114	0.3581	0.537	0.322	0.186	0.215	0.36	0.36	1.074	0.644	0.372	0.430	0.36	0.43	1.611	0.967	0.573	0.644	0.36	0.86

煤焦油瓷漆防腐层等级及结构见表 5-11。

表 5-11 煤焦油瓷漆防腐层等级及结构

防腐层等级		普通级	加强级	特强级
防腐层厚度/mm		≥3.0	≥4.0	≥5.0
防腐层结构	1层	底漆一层	底漆一层	底漆一层
	2层	瓷漆一层(厚 2.4mm+1.0mm)	瓷漆一层(厚 2.4mm+1.0mm)	瓷漆一层(厚 2.4mm+1.0mm)
	3层	外缠带一层	内缠带一层	内缠带一层
	4层		瓷漆一层(厚≥1mm)	瓷漆一层(厚≥1.0mm)
	5层		外缠带一层	内缠带一层
	6层			瓷漆一层(厚≥1.0mm)
	7层			外缠带一层

3. 环氧煤沥青防腐

环氧煤沥青涂料是一种将环氧树脂优良的物理性能与煤焦沥青优良的耐水、抗微生物性能结合起来的涂料，它易于施工，能获得厚涂膜，在石油工业中获得广泛应用。环氧煤沥青防腐等级结构见表 5-12。

表 5-12 环氧煤沥青防腐等级结构

防腐层等级	结 构	干膜厚度/mm	用料量参考指标
普通级	底漆-面漆-面漆	≥0.2	底漆每道 0.18kg/m² 面漆每道 0.18kg/m² 玻璃布每道 1.2m/m²
加强级	底漆-面漆-玻璃布-面漆-面漆	≥0.4	
特强级	底漆-面漆-玻璃布-面漆-玻璃布-面漆-面漆	≥0.6	

（三）胶黏带防腐

胶黏带防腐已有几十年的历史，由于它施工方便，所需准备工作简单，能在现场实现机械化施工，所以获得了广泛应用。

常用的胶黏带分为两大类：一类是聚氯乙烯胶黏带；另一类是聚乙烯胶黏带。前者主要用于异形构件的防腐，后者主要用于管道的防腐。为提高胶带与钢管的剥离强度，应在钢管上涂刷底胶。底胶的用量为 80~100g/m²，其性能要求见表 5-13。

表 5-13　胶黏带的等级及结构

防腐等级	防腐层结构	总厚度/mm
普通级	一层底漆-一层内带(防腐带)-一层外带(保护带)	≥0.7
加强级	一层底漆-一层内带(防腐带)-一层外带(保护带)	≥1.0
特强级	一层底漆-一层内带(防腐带)-一层外带(保护带)	≥1.4

注：胶带宽度≤75mm 时，搭接宽度为 10mm；

胶带宽度 = 100mm 时，搭接宽度为 15mm；

胶带宽度≥100mm 时，搭接宽度为 19mm。

第六章　加油机的选择与安装

第一节　加油机的选择规定与原则

加油机是将油罐中的油品送至汽车油箱中的动力来源，像人体的心脏一样重要，因此加油机的选择、安装、管理是加油站建设和管理的重要组成部分。

一、 对加油机选择的规定

GB 50156—2012《汽车加油加气站设计与施工规范》中，对加油机选择的规定如下：

(1) 以正压(潜油泵)供油的加油机，其底部的供油管道上应设剪切阀，当加油机被撞或起火时，剪切阀应能自动关闭。

(2) 采用一机多油品的加油机时，加油机上的放枪位应有各油品的文字标识，加油枪应有颜色标识。

(3) 加油枪应采用自封式加油枪，汽油加油枪的流量不应大于50L/min。

(4) 加油软管上宜设安全拉断阀。

二、 加油机选择的原则

选择加油机应遵循以下几条原则：

(1) 按照用户对加油机的使用要求、使用环境条件、输送介质的性质等选择具有相应性能的加油机。

(2) 按照用户操作人员的素质，要求控制的方式和自动控制的程度，选择不同档次的加油机。如操作人员文化程度低，加油频率又低，可选用手动的加油机，即手摇泵。如操作人员文化素质高，加油频率高，要求自控程度高，可选用全自动微电脑计量加油机。无特殊要求的加油站多选用自动计量加油机。

(3) 按照经济能力和经济效益的预测，选择产品价格可以承受的加油机。一般进口加油机技术上虽然先进，但价格较贵。国产加油机相对比较便宜，因此一般加油站宜选用国产产品。

(4) 按照加油机吸入口至油罐的吸入管管长、管径及管路附件，计算吸入管路的摩擦阻力及加油机泵轴中心距吸入管端的高差，这两者之和必须小于加油机的吸程，加油机才能正常工作。管路的摩擦阻力计算比较复杂，一般可从油管水力摩阻计算表中查得，详见第三章第三节有关部分。

第二节　加油机安装

一、 对加油机安装的规定

GB 50156—2012《汽车加油加气站设计与施工规范》中，对加油机安装的规定摘编如下：

(1) 加油机不得设在室内。

(2) 位于加油岛端部的加油机附近应设防撞柱(栏)，其高度不应小于0.5m。

二、 加油机的安装

(一) 加油机的安装位置

(1) 为了方便给汽车加油，加油机应安装在单条车道旁边或两条车道的中间。

(2) 为了避免加油机被汽车碰撞，加油机应安装在加油岛上，并多在两根雨罩立柱的中间，几台加油机及加油机与立柱之间应留有便于操作的距离，一般不小于0.6m。加油岛地坪标高比周围场地高0.2m，除考虑加油机的安全外，还要保证加油机不被雨水浸泡。

(3) 为了安全以及防火防爆的需要，规范要求加油机与站房的最小安全距离为5m。

(二) 加油机安装的基础

加油机在运转过程中，有轻微的振动，所以加油机不但要安装在加油岛上，而且应在加油岛的加油机机座下浇筑混凝土基础。基础的长、宽尺寸应按机座尺寸确定，略大于或等于机座尺寸，但不能小于机座尺寸。基础厚度应根据加油机的重量和地脚螺钉的长度确定，一般为 0.4～0.6m，比地脚螺钉长 0.1m 即可。基础中间应预留安装吸油管和电线管的孔洞。地脚螺钉预留孔的位置、深度应根据加油机机座实际确定。为了减少返工、便于安装，加油机的基础浇筑一般应在加油机到安装现场后再行施工为宜。

（三）加油机的就位和稳固

为了减少加油机运转中的振动，延长加油机的使用寿命，在加油机安装就位时，应使机身垂直、机座水平，不得歪斜。应用重锤线找正，用水平尺找平。待测量准确、垫好机座后再浇灌地脚螺钉孔，稳固机身。

（四）安装加油机的油管和电线

待加油机地脚螺钉孔内砂浆凝固后，才可进行加油机油管和电线的安装。其安装要求应按相应工种的施工规程进行。

第七章　加油站设备设施更新改造

第一节　更新改造的依据和程序

已建成使用的加油站，虽有某些缺陷，或与新制订的规范标准有些不符，但还有使用价值，也无安全隐患，经过更新改造，仍可正常使用。本章主要介绍军队加油站更新改造的内容、要求和做法，可供地方加油站更新改造时参考。

一、 更新改造的依据

加油站更新改造，应当遵循国家有关技术标准，以增强设备设施安全运行效能为目标，按照统一规划、分级负责、因地制宜、讲求质量的要求，科学组织实施。

二、 更新改造的程序

加油站更新改造工作应当按照下列程序组织实施：

(1) 研究论证更新改造项目、内容和经费概算；

(2) 按照规定权限申请立项；

(3) 制定更新改造实施方案，成立领导小组；

(4) 审核施工单位资质条件，确定施工单位；

(5) 制定防火和应急救护措施；

(6) 指定现场专职安全员，监督作业安全；

(7) 组织更新改造施工；

(8) 组织工程竣工验收。

符合招标条件的更新改造项目，必须按照规定组织工程招标。

第二节　更新改造的内容

加油站更新改造的内容主要包括油罐、输油加油系统、电气系统和接地系统及其配套设施。

一、　油罐的更新改造

加油站储油罐有下列情形之一的，应当进行更新改造：

（1）油罐地基塌陷、罐体倾斜或者受地下水作用出现上浮，影响安全储油的；

（2）罐室式油罐通风不畅，以及油罐测量孔、通气管口设在罐室内的；

（3）加油站储油罐设在室内或者地下罐间的；

（4）油罐钢板锈蚀深度超过钢板厚度35%、面积超过30%或者出现严重渗漏的；

（5）储油罐与周边建筑、构筑物的防火距离不符合现行规范要求影响安全使用的；

（6）油罐附件不全，配置不合理，技术性能差，不能保证安全的；

（7）储油容量、品种不能满足保障需要的；

（8）油罐未按规定设置专用卸油管道和密闭卸油接口的；

（9）油罐大修费用超过油罐价值50%以上的，应当更新油罐；

（10）其他影响油罐安全使用的。

二、　输油、加油系统更新改造

加油站输油、加油系统有下列情形之一的，应当进行更新改造：

（1）加油机设在室内的；

（2）加油机与站房、泵站与配电间不符合安全距离要求的；

（3）管道年久失修，防腐层脱落，腐蚀严重，承压能力下降不能满足使用要求的；

（4）工艺流程不合理，不便操作使用和安全管理的；

（5）管道上的阀门、法兰等配件技术性能差，不能保证管道安全运行的；

（6）管径偏小不能满足收发油任务要求的；

(7) 输油管道空沟敷设的;
(8) 按照当地环保部门要求，需要增设油气回收系统的;
(9) 其他影响安全使用的。

三、电气系统更新改造

加油站电气系统有下列情形之一的，应当进行更新改造:
(1) 电气系统老化，电力承载不匹配，不能满足用电需要以及不符合电气防爆要求的;
(2) 变配电设备落后，耗电量大，效率低下的;
(3) 架空电气线路与输油、储油、加油设施之间的距离不符合安全要求的;
(4) 低压动力设备线路和照明线路耐压值低于 500V 的;
(5) 电缆与输油管同沟敷设的;
(6) 爆炸危险区域内使用非铜芯电气配线的;
(7) 属国家淘汰以及使用未经国家认定的非专业厂家产品均应更换的;
(8) 其他影响安全运行的。

四、接地系统更新改造

加油站防雷接地、防静电接地、电气设备工作接地、保护接地及信息系统接地，有下列情形之一的应当进行更新改造:
(1) 接地系统设置不齐全、不配套，不能满足安全保护要求的;
(2) 接地系统年久失修，腐蚀严重，作用减弱或者失效的;
(3) 接地系统的接地电阻值未达到相应规定要求的;
(4) 专用防雷装置保护范围不能有效覆盖应保护设施设备的;
(5) 其他不符合相应规定要求的。

第三节 更新改造要求

加油站应当根据批准的更新改造实施方案和经费预算，统一指挥，加强管理，严格按照作业技术操作规程和用火管理规定组织施工，确保施工进度、质量和安全。

一、 油罐的更新改造要求

加油站应当按照下列要求更新改造油罐：

(1) 埋地油罐外壁必须按照加强级防腐处理；

(2) 埋地油罐周围应当回填细土(砂)，回填厚度不小于0.3m，油罐顶部的覆土厚度(含混凝土地面厚度)不小于0.5m；

(3) 非车道下的埋地油罐，罐区上部的地坪，应当高出周边地面0.2m；

(4) 有抗浮要求的埋地油罐应当采取锚固措施，其混凝土锚礅的大小应当经过抗浮计算确定；

(5) 埋设在地下水源保护区的油罐应当设置地下防水混凝土罐箱，并在箱体下2/3内表面做不小于1mm厚的玻璃钢防渗衬里，装设油罐渗漏检测装置，回填细土(砂)。

二、 工艺系统更新改造要求

加油站应当按照下列要求更新改造工艺系统：

(1) 油罐量油孔、卸油管、出油管、通气管、液位计应当尽量安装在人孔盖上，各接合管应当采用法兰或者丝扣连接；

(2) 工艺管道应当采用无缝钢管，局部有丝扣连接要求的可采用焊接钢管，埋地管道应当焊接连接；

(3) 量油孔应当选用内设有色金属护套和带锁孔的量油帽，汽油罐量油帽下部的接合管管口应当伸至距罐底0.2m处；

(4) 卸油和油气回收的连通软管，应当采用导静电耐油软管；

(5) 油品管道、油罐通气管横管以及油气回收管道应当埋地敷设或者管沟填砂敷设，管道外壁应当做不低于加强级防腐保护，与暖气沟、排水沟、电缆沟等地下管沟交叉的油品管道应当加设钢套管或者采取其他安全措施；

(6) 与油罐连通的进油管、通气管横管以及油气回收管，应当坡向油罐，其坡度不得小于0.2%，达不到规定坡度的应当在油品管道、油气回收管道的最低点，分别设置放空口和集液装置；

(7) 按照油罐储油品种和牌号分别设置卸油管道和快速接头，卸油管管径不小于80mm；

(8) 汽油罐组、柴油罐组的通气管应当分别设置，通气立管管口应当高出周围地面4m以上，沿建筑物墙(柱)向上敷设的通气管管口应当高出建筑物屋面

1.5m 以上，通气立管管口必须安装阻火器；

(9) 加油站增设密闭卸油装置，密闭卸油管道的各操作接口设置快速接头及闷盖，固定油气连通接口的管道上设置手动阀门，埋地油罐装设带有高液位报警功能的液位计；

(10) 加油站油气回收系统，同种油品可共用一条油气回收干管；

(11) 增设油气密闭回收系统的油罐通气立管管口，应当同时设置阻火器和机械呼吸阀，呼吸阀工作正压为 2000~3000Pa，卸油密闭油气回收系统的工作负压为 200~500Pa，卸油和加油密闭油气回收系统的工作负压为 1500~2000Pa。

第四节　国内汽车油罐车油气回收的改造

一、 汽车油罐车油气回收和底部装油的改造

(一) 汽车油罐车实施油气回收的必要性

石油产品，特别是汽油挥发出来的有机碳氢化合物，也叫 VOC，已经被视为有害污染物，会引起城市上空烟雾，造成全球温室效应，所含有毒致癌物会对人类健康造成损害。

许多国家为了限制 VOC 向大气中扩散，颁布了严格的环保法规。美国加利佛尼亚州最先颁布了“净化空气”法规，接着全美的其他州和大城市也纷纷采取行动。1996 年欧洲共同体在布鲁塞尔颁布法规，限制燃油在储存、装载、运输和卸载过程中的 VOC 排放。这个法规要求欧洲共同体国家在未来 9 年内逐步采用油气回收系统，减少 VOC 排放。

欧洲共同体的研究显示，仅在其范围内，每年汽油和其他溶剂向大气排放的 VOC 达 1000×10^4t，其中 50×10^4tVOC 是在燃油的储运、装卸过程中排放的，而且主要集中在城市地区。由于汽车的充装和卸载造成的 VOC 排放量每年约 20×10^4t，所以对汽车油罐车实施油气回收是非常必要的。

(二) 汽车油罐车底部装油的好处

底部灌装是向罐车注入石油制品的一种方法，它的主要特点是通过安装在罐车底部由阀门和管件组成的系统向油罐车装油，更有利于环保，使用安全，操作快捷。与传统的罐顶充装相比，具有下列优点：

(1) 操作人员不需上罐车高处作业，操作快捷，出现紧急情况时可以做出快

速反应。

（2）装油全密闭，不需打开罐车人孔盖。这样不易产生火灾；油品不受雨、雪、灰尘污染；操作人员不会吸入高浓度油气而危害健康。

（3）装油无飞溅，不易发生静电火灾，可提高装油流速。

（4）油站可不需建设高架发油平台，节省土建费用。

（5）方便油站发油油气回收，利于安全、环保和减少能源浪费。

（三）部分先进国家实施汽车油罐车底部装油的历史

（1）鉴于安全因素及污染物问题，20 世纪 50 年代初的汽车油罐车底部灌装系统开始被用于航空工业，特别是喷气发动机油料的污染物是很大的安全隐患。出于同样的原因，美国及欧洲的石油公司开始试验汽车油罐车底部灌装系统，后被美国石油学会所认同和鼓励。

（2）根据当时的技术水平，美国石油学会在 1967 年发布了第一版 API 标准 1004。此标准经不断更新，扩展到涵盖油气回收及防溢流系统。目前已是美国和大部分欧洲国家的汽车油罐车底部灌装标准。

（3）随着汽车油罐车底部装油技术的不断完善，目前底部装油已经成为北美、欧洲国家汽车油罐车的主要充装方式。分布的区域还有南美、中东、亚洲、远东和澳大利亚。

（四）我国实施汽车油罐车底部装油的现状

我国采取汽车油罐车底部装油比较晚，自 2007 年年底才开始起步。

根据 GB 20951—2007《汽车运输大气污染物排放标准》的规定，全国地区级以上的城市，以及承担为这些城市运输汽油的汽车油罐车，都要在下列时间之前实施汽车油罐车底部装油和进行油气回收：

北京市、天津市、河北省为 2008 年 5 月 1 日；

长江三角洲、珠江三角洲为 2010 年 1 月 1 日；

全国为 2012 年 1 月 1 日。

二、汽车油罐车油气回收改造要求具备的功能

（1）油罐车应具备油气回收系统，装油时能够将汽车油罐内排出的油气密闭输入储油库回收系统。

（2）卸油时能够将产生的油气回收到汽车油罐内。

（3）往返运输过程中能够保证汽油和油气不泄漏。

（4）不应因操作、维修和管理等方面的原因发生汽油泄漏。

三、汽车油罐车油气回收改造的具体内容

（1）油气回收系统包括：油气回收快速接头、堵盖、无缝钢管气体管线、弯头、管路箱、防溢流探头、油气回收气动阀、连接胶管等。

（2）底部装卸系统：由气动底阀、无缝钢管、API 阀门、密封式快速接头以及相关部件组成的从油罐汽车罐体底部装卸油的系统。

四、汽车油罐车油气回收改造主要零部件的功能及特点

（一）组合式罐车人孔盖内置呼吸阀

（1）呼吸功能：当罐内正压达到 6～8kPa，或负压达到 2～3kPa 时，呼吸阀自动开启，使罐内外气体贯通，降低罐内与罐外的压差，起到防止罐内超压的安全保护作用。

（2）紧急通气功能：当油罐车发生意外处于高温环境中，有效释放罐内压力，防止油罐爆炸。当罐内压力达到 21～32kPa 时紧急排放装置启动，其最大排气量达 7000m^3/h，可有效防止油罐车发生爆炸事故。

（3）倾翻时的密封功能：在正常情况下，铜质半圆重块位于阀底部，在意外汽车倾倒时，呼吸阀中的倾倒防溢阀重块在重力作用下翻动，封住阀口自动密封通道，防止因油料外泄发生危险。

（二）油气回收阀（气动控制）

（1）油气回收阀安装在人孔盖上，由气压控制，无需另外人工开启或关闭。

（2）油罐充装时打开，上升的液面将气体向上推，通过油气回收阀和气体回收管路回到库区油罐。

（3）油罐车向加油站卸油时开启，回收的气体进入油罐。

（三）油气回收接头（配防尘盖、变径接头）

（1）安装于油气回收系统上，可控制油气回收阀的开闭。

（2）气动控制，省力便捷。

（3）阀体结构紧凑轻巧，气体流动性良好。

（4）独特的活塞，设计确保气液量，阀体所受压力将减到最小。

（5）阀杆向油罐内开启，防止油罐车倾翻引起的泄漏。

（四）气动海底阀

（1）气动海底阀又称紧急切断阀，安装于罐车底部，是将罐体与外部管路相

隔开和连通的部件，管口用管道与操作箱内的手动 API 阀门相连接。

（2）平常处于关闭状态，罐车装油或卸油时由气动操作打开。

（3）在油罐车倾倒时，能够自动从罐底部切断管路，使油罐成为独立封闭的罐体，防止油料外溢。

（五）手动式 API（装卸油）阀门

（1）是与油库装油接头和加油站卸油接头相对接的阀门。

（2）应用温度：−30～60℃。

（3）最大工作压力：10^6Pa。

（4）正常流速：2300～2400L/min。

（六）变径接头及防尘盖

（1）变径接头（4″变 3″）：是与手动 API 阀门相配套的接头，装于卸油胶管的一端，用于罐车卸油时与手动 API 阀门或油气回收接头相连接。

（2）防尘盖：用于平时保护 API 阀门口或油气回收接头口。

（七）防溢系统

（1）罐车防溢系统主要由防溢流探头、防溢流插座及信号连接线组成。

（2）防溢流探头装于油罐车顶部或人孔盖上，通过信号线引至罐车下部操作箱内的防溢流插座。

（3）罐车装油时，油库装油台的防溢插销与防溢流插座相连通，实现在预定的油标显示下报警并停止油泵供油，保证罐车装油时不超装和溢流。

（八）气动控制系统

（1）气控系统的气体来源于车载储气罐。

（2）气控系统的红色控制阀为紧急切断阀，处于常开状态，在黑色控制阀失效时可关闭红色控制阀，使油气回收阀和海底阀也关闭，防止漏油漏气。

（3）调节阀用于调节控制系统气压，推荐在 500kPa 左右，最低工作压力为 250kPa，其最高压力不得高于 600kPa，否则会损坏系统气动原件。

（4）指示灯显示海底阀和油气回收阀的开启状态，灯亮时处于打开状态，灯灭时处于关闭状态。

（5）当气控系统出现无法控制的漏气时，可关闭储气罐上的分离开关，以切断系统气源，保持车辆制动系统压力不下降。

第八章　加油站的管理

第一节　加油站的任务与服务质量管理

一、加油站的基本任务和总体要求

（一）加油站的基本任务

（1）为加燃油的汽车供应油品和技术支持。

（2）正确管理和使用储油罐、油(气)管、油泵、加油机、加油枪、油气回收装置、消防报警以及加油站附属设备设施，使之随时保持良好的状态。

（3）充分利用有利条件，积极开展为车辆服务和便民服务项目，努力提高社会效益和经济效益。

（4）搞好本站人员管理教育，全面提高人员素质。

（二）加油站的总体要求

（1）加油站应当以供应保障为中心，以安全管理为重点，以提高社会效益和经济效益为目的，努力做好各项工作，圆满完成各项任务。

（2）积极开展以“优质服务、优良管理”为主要内容的活动，推动本站工作全面进步。

（3）工作人员应当热爱本职、精通业务、遵纪守法、廉洁奉公，努力完成各项工作任务。

二、加油站服务质量要求

（一）基本服务质量要求

1. 外表形象要求

（1）统一着装。员工上岗期间应统一着工作服，着装应整洁、无污渍、无破损。不得卷起袖口、裤腿，不得穿拖鞋、高跟鞋。换季时，站内员工着装仍应保持统一。

(2) 仪表端庄、服饰整洁，饰物适当。

(3) 站姿正直平稳，眼神自然，精神饱满，落落大方。

(4) 坐姿端正，不得前俯后仰、东倒西歪、摇腿翘脚。

(5) 引导车辆动作规范，不得单手、单指指点顾客。

2. 服务用语要求

(1) 迎送、接待顾客时，应使用文明用语。

(2) 用语准确，称呼恰当，问候亲切，语气诚恳。

(3) 严禁使用不负责任的、歧视性、污辱性语言，杜绝服务忌语。

3. 服务态度要求

(1) 热情主动、微笑服务，态度谦和、尊敬顾客。

(2) 顾客有困难，热心帮助；顾客有疑问，细心解答；顾客有意见，专心听取；顾客有误会，耐心解释。

(3) 对待顾客，一视同仁。

(4) 顾客有不安全行为，及时礼貌劝阻。

4. 劳动纪律要求

(1) 按时上下班，不得旷工。

(2) 服从领导，听从指挥。

(3) 在岗期间不得串岗、脱岗、睡岗，私自会客；不得做与工作无关的事情。

(4) 严格遵守各项规章制度，按操作规程作业。

(5) 严禁在站内吸烟、岗前或在岗饮酒。

(二) 现场服务质量要求

为提高社会效益和经济效益，对现场服务质量要求归纳如下。

1. 员工纪律“八不准”

一不准对无票证和手续不全的车辆加注服务；

二不准弄虚作假，缺斤短两；

三不准吃请，收礼；

四不准以权谋私，乱拉关系；

五不准态度蛮横，刁难用户；

六不准私自离岗；

七不准私自开车；

八不准酗酒闹事和私留他人住宿。

2. 顾客至上，礼貌热情

（1）熟记顾客信息，并正确地称呼和问候顾客。

（2）保持真诚友善的服务态度，善于聆听，注重承诺，努力赢得顾客的信任。

（3）随时关注对方的感受，尽量用顾客熟悉的语言交流，并注意语速、语调和语气，拉近与顾客的距离。

（4）遇到有异议的顾客，应冷静处理，理解对方的处境，明确对方的意图，不得与顾客发生争执。

3. 努力便民服务

（1）各站应根据实际情况，设置便利店、司机休息室、小药箱、汽车加水、汽车洗刷、天气及路线提示、风景区咨询等服务项目。

（2）提供饮水设施，免费为顾客供应饮用水。

（3）站内厕所对外开放。

（4）根据各站所处地理位置、客户类型，可适当提供特色服务。

4. 提高服务效率

（1）车辆到位后，若无特殊情况，顾客等候服务时间一般不得超过3min。

（2）开票、收款快速，准确、无差错，时间一般不得超过6min。

（3）每班工作交接，中断作业时间一般不得超过9min。

第二节　加油站人员管理

一、 人员素质要求

（一）加油员素质要求

加油员素质要求见表8-1。

表 8-1 加油员素质要求

应知	应会
(1) 加油员职责及加油站有关规章制度; (2) 油品基础知识; (3) 油品的体积与质量的换算方法; (4) 常用加油机的型号、性能、主要结构及正确使用和维护保养方法; (5) 自用自动计量加油机及简单计量工具的规定检定时间和允许标准误差; (6) 盛油容器的种类、规格和主要技术指标; (7) 漏油、溢油、跑油、火灾、中毒等事故的预防知识和紧急处置方法; (8) 用过油品的回收标准; (9) 安全用电常识; (10) 自用灭火器材的种类、用途、放置位置及使用方法	(1) 正确操作和维护保养计量电动加油机; (2) 正确使用、维护保养自用加油设备和计量工具; (3) 正确排除自动计量加油机的简单故障; (4) 正确排除常用加油工具的常见故障; (5) 能迅速、正确识别常用油品的种类,并进行油品质量的外观检查; (6) 正确测量、计算站存油量、消耗量和记账、报账; (7) 正确使用自用灭火器材

(二) 油品化验员素质要求

油品化验员素质要求见表 8-2。

表 8-2 油品化验员素质要求

应知	应会
(1) 油品化验员职责及有关规章制度; (2) 常见油品品种、牌号及使用要求; (3) 油品规格标准和试验方法标准的类别; (4) 化验室常用仪器的用途及特性; (5) 工业天平、分析天平的使用与维护方法; (6) 化验室试剂的纯度等级及适用范围; (7) 溶液浓度表示方法及换算,一般溶液和常用指示剂配制方法; (8) 常规化验项目的试验方法、测定步骤; (9) 化验室常见有毒、易燃、易爆及强腐蚀物品的性能特点; (10) 化验室常用消防器材的种类及用途	(1) 识别常用油品; (2) 正确选用玻璃仪器、瓷制器皿、金属器具和测温仪器; (3) 洗涤干燥玻璃仪器; (4) 保管和使用化验室常用试剂; (5) 配制和选用各种指示剂; (6) 进行不同类型的化验; (7) 进行石油产品的取样和外观检查; (8) 正确使用和维护化验室各种天平; (9) 正确操作使用化验室电气设备; (10) 正确使用和维护保养常用灭火器材

(三) 电工的素质要求

电工素质要求见表 8-3。

表 8-3　电工的素质要求

应　知	应　会
（1）电工职责及发电配电间管理规则； （2）常用绝缘材料和熔断丝（片）的名称、规格及型号含义； （3）常用安全工具和防护用品（高压测电笔、绝缘拉杆、放电装置、绝缘手套等）的名称、型号、规格、用途及使用方法； （4）电工常用仪表的结构、使用和维护保养方法； （5）常用导线和电缆的规格、种类、选用及联接方法； （6）接地体的种类、作用和装接方法； （7）防爆电气设备的分类、分级、分组、标志、型号、规格、主要技术参数和危险场所划分； （8）防爆电气设备安全管理规程； （9）三相异步电动机的结构、工作原理、各主要部件的用途和拆装以及试车时的注意事项； （10）自用高低压配电盘、降压柜、操作台的维护保养知识； （11）自用低压开关柜的作用、工作原理	（1）用万用表测量电压、电流、电阻、电容； （2）根据线路用电情况，正确选用导线和熔断器； （3）简单照明电路的安装，会操作本单位的有关电气设备； （4）能识别防爆电气产品； （5）懂得触电并能进行触电急救； （6）熟悉本单位的接地装置和检查维护； （7）三相异步电动机的检查、维护、保养； （8）电力变压器的接线、日常维护保养； （9）识读常见仪表，正确使用常用检修工具； （10）检查、维护本单位的简单电气设备，排除常见故障

（四）小超市经理的素质要求

小超市经理的素质要求见表 8-4。

表 8-4　小超市经理的素质要求

应　知	应　会
（1）小超市经理的工作职责； （2）市场经营和顾客消费心理常识； （3）日用消费品的保管常识； （4）社会、经济效益评估； （5）管人用人规则	（1）经营管理小超市； （2）指导整齐摆放货物； （3）指导正确保管货物； （4）调动人员的积极性； （5）检查记账的正确性

（五）小超市售货员的素质要求

小超市售货员的素质要求见表 8-5。

表 8-5　小超市售货员的素质要求

应　知	应　会
（1）小超市售货员的工作职责； （2）市场经营和顾客消费心理常识； （3）日用消费品的保管常识； （4）消防器材常识	（1）热情待客，公平售货，准确收钱； （2）整齐摆放货物； （3）正确保管货物； （4）会用消防器材

二、 人员职责

（一）站长职责

（1）负责加油站内全面工作，圆满完成加油站应承担的全部任务。

（2）负责贯彻上级主管部门交给的各项任务。

（3）认真贯彻国家与行业的规范、标准及本站制定的规章制度。

（4）落实岗位责任制和安全生产责任制，提高效益，确保安全。

（5）负责培训人员工作技能，提高人员全面素质。

（6）协调人员关系，维护站内外团结和谐。

（7）负责站内系统与设备的报废、更新、升级、补缺、扩容。

（8）关心站内建设，当好站点扩建或改建的参谋。

（二）加油员职责

（1）负责对车辆、机械的油料加注，并指导司机正确使用油料。

（2）负责对罐装和桶装油料的接收、保管、测量、检查。

（3）负责加油站各种设施、设备、工具、消防器材的正确使用，严格管理，及时维护保养，使之处于良好的状态。

（三）油品化验员职责

（1）熟悉并认真贯彻执行油料化验室规则、规程和站内有关规章制度，确保化验室安全。

（2）熟练掌握化验室所担负的化验项目的试验方法。按规定正确操作，作出正确结论，完成化验任务。

（3）熟悉化验仪器、设备的构造和性能。适时提出仪器，设备大、中修和仪器、试剂请领购置计划，经上级批准后，抓紧落实。

（四）财会人员职责

（1）认真记好财务账。

（2）做好本年经费决算和下年经费预算。

（3）认真贯彻上级财务政策与财务管理制度，协助领导管好本站经费，提高经济效益。

（五）便利店营业员职责

（1）树立为客户服务的思想，经营客户所需的商品，态度和蔼，合理定价，公平交易。

（2）负责向顾客介绍商品，引导消费。

（3）负责商品日常管理，保持商品充裕、整洁，确保商品在保质期内销售。

（4）负责便利店商品进、销、存登统工作，及时上报有关报表，做到财务统计日清月结，账账相符、账物相符。

（5）负责便利店清洁卫生工作，保持超市良好环境，空气新鲜，干净整洁。

第三节　加油站运行管理与生产作业

一、加油站运行应具备的条件

（一）站内工程全部竣工

各站工程包括土建及辅助工程、工艺设备安装工程、供配电安装工程、自控系统工程、供配电线路工程及附属工程等。这些工程全部竣工是工程检查验收的前提条件。

（二）工程竣工后，经质量检查验收

（1）工程质量检查验收应以认真负责的态度，贯穿在工程建设的全过程。施工过程中应进行自检、互检、小组检；隐蔽工程须在隐蔽前验收；工程完成后应进行竣工验收。

（2）工程竣工验收应由设计、施工、质检、使用等单位组成验收组，并按商定的验收程序进行验收。

（3）工程验收不合格项目或缺项目须限期整改、补缺，并经再验收合格。

（4）工程质量检查验收应有详细记录，竣工验收应办正式手续，工程质量监督机构应出具工程质量认可文件。

（5）站内工艺设备应经专业部门交接验收完毕，并办理正式签署手续。

（三）站的运营准备完毕，并通过审批

（1）具备生产运行人员必需的生活福利设施。

（2）生产运行人员已配齐，经培训考试合格，并持有相关岗位的相应资质。

（3）运行所需要的规章制度、系统图表、记录表格、安全用具等准备到位，运行的设备已有命名和编号。

（4）运行必备的备品备件、工具及有关标示牌已备齐。

（5）各区域划分界限及区名标牌和带电区域已有明显标志。

二、加油站运行资质认定和稽查监理

（一）加油站运行资质认定

1. 运行资质认定条件

（1）配置位置合理，编配审批手续完备，油品种类、容量规模适当，满足油料供应需要，符合当地规划以及安全环保要求；

（2）管理制度健全，人员落实，专业人员必须通过业务培训并具备相应的资质；

（3）整体布局合理，建筑物、构筑物和油料设备相互之间的距离符合安全要求；

（4）各种设备设施配套齐全，工艺流程规范，建造优良；

（5）环境整洁，油气、污水排放符合环保要求；

（6）道路畅通，车辆加油进出方便；

（7）规章制度悬挂规范有序，各类警示标示齐全、醒目，位置适当；

（8）各类登记统计、账表及技术档案完备。

2. 运行资质认定管理

加油站投入运行后，应纳入统一管理，否则不得投入运行。

审核认定的资质在规定的时期内有效，期满后必须重新申报审核认定。

（二）各站运行稽查监理

1. 稽查监理规定

各主管部门必须建立本站稽查监理制度。

各站的稽查监理，由各级管理部门组织有关人员组成监理小组，进行定期检查。

各站的上一级，每年对所属站的运行状况至少组织一次检查。

2. 稽查监理内容

各站的稽查监理，主要包括下列内容：

(1) 本站各项任务完成情况；

(2) 优质服务、优良管理情况和规章制度执行情况；

(3) 员工到位和工作称职情况；

(4)《站运行许可证》办理情况及其有效性；

(5) 设备设施运行状况和安全管理情况；

(6) 登记统计和档案资料管理情况；

(7) 其他有关情况。

3. 稽查监理结果处理

各站主管部门对管理不善、违规违纪，以及存在安全隐患的站，应当及时发出《安全整改通知书》，责令其限期整改；对存在重大安全隐患的站，吊销其运行许可证。

三、 加油站运行管理制度

(一) 入站须知

(1) 加油站是易着火爆炸的重要地方，无关人员免进。

(2) 办事、参观人员进站应事先联系，经站领导批准并办理进站手续方可进入。

(3) 进站人员及车辆不得携带易燃易爆物品。

(4) 进站加注油的车辆，须按顺序排队，按站内规定流程办理手续，在站内人员引导下到达指定车位等待作业。

(5) 入站人员须听从站内工作人员指挥，应在划定范围、限定时间内活动。

(6) 入站内只去超市购物或上卫生间的人员，不得去站内生产区域闲逛。

(二) 每天作业要求

(1) 各站每天工作前，应做好安全检查和作业前的如下准备工作：

① 检查消防器材技术状态是否良好，是否放在规定的位置上。

② 清除作业现场和设备设施上的灰尘、油污。检查各接线和管路接头有无松动。螺栓(母)是否齐全，紧固可靠。各转动部位是否灵活，有无刮、碰现象。

③ 测量储罐、气瓶内的存量，清点库房内电池存量，并将存量记录。

④ 按规定开、关有关阀门和电源开关。各部检查确认完好后，开启通道大门，方可开始营业。

（2）作业过程中，作业人员不得离开现场，要及时办理登记手续和收交票证。遇到设备出现高温、冒烟、部件松动、渗漏或发生刮碰、下雨、打雷、车辆发动和其他危及人身或加油站安全的情况时，均要停止作业，待问题解决后，方可继续作业。

（3）每天作业结束后，应断开电源开关，关闭有关阀门和通道大门，测量储罐、气瓶内的存量，清点库房内电池存量，并填写记录。检查各种设备、设施、管路有无异常，确认无误后，方可结束工作。

（三）加油须知

加油须知是对来站加油的顾客及本站的工作人员的共同要求，应悬挂或树立在加油站入口的醒目位置。内容如下：

（1）要服从管理，遵守秩序，按顺序排队加油；不得将车辆停靠在加油站进出口。

（2）先交加油证或加油票，后加油。

（3）站内严禁烟火。

（4）严禁在加油站内从事可能产生火花性质的作业，不准在站内检修车辆，不准敲击铁器，不准用汽油擦洗衣服。

（5）严禁向汽车的化油器及塑料桶内加注汽油。

（6）所有机动车均须熄火加油，摩托车、轻骑等进站前要熄火并不得在站内发动。

（7）严禁携带易燃、易爆等危险品入站。

（8）加油站内严禁闲杂人员随意出入和逗留。

（9）雷雨时，暂停加油。

（10）加气站内严禁闲杂人员随意出入和逗留。

（11）雷雨时，暂停加气。

（四）加油站管理规则

（1）建立健全各项规章制度，将其悬挂在指定位置：

① 室内应悬挂“加油员职责”“油料加注规程”及各种有关的制度和图表。

② 加油站雨棚处，应悬挂“加油站安全规则”，设置禁火、禁烟标志和“加油站”标志。

③ 加油站车辆进、出口处应设置醒目的“严禁烟火”警语牌和“5 公里”限速牌。

（2）加注油料管理：

① 严禁无票、无证加油。

② 禁止向有渗漏的容器、油箱内加油。

③ 严禁在雷雨、大风时给车辆加油。

(3) 加油站各种设备、器材、常用工具、消防器材等要由专人负责管理，建立登记卡片(或清册)，严防丢失、锈蚀和损坏。

(4) 加油站的各种油料、器材账目、卡片，要及时记载，填写准确、清晰，做到账、物、卡相符，单据齐全。

(5) 建立定期检查、维护保养设备制度：

① 油罐应统一编号并注明装油名称。每天应检查一次油罐有无渗漏和异常。每月检查一次罐底的水分、杂质并及时排放。每年将油罐全面检查、清洗一次。

② 桶装油料不得露天存放。油料加注、发放时应贯彻“存新发旧”的原则。做到分类存放，摆放整齐，标记清楚，质量合格，清洁无渗漏，桶底垫有垫木。每天应检查一次有无渗漏。每周清扫一次。

③ 输油管线、阀门，油罐阻火器、呼吸阀等，每年应检查保养一次，保持性能良好，工作可靠。

④ 加油设备应处于良好的技术状态。电气设备应符合场所防爆等级要求。

⑤ 除做好加油前的日常检查外，每周应进行一次检查维护。检查维护内容如下：

a. 清除内部的灰尘、污垢和其他杂物；

b. 检查各连接部位是否完好，螺栓是否齐全、紧固；

c. 清洗过滤器；

d. 检查各操纵机构是否灵活，有无卡碰现象；

e. 向各个转动、传动部位及油嘴加注润滑油(脂)。

⑥ 每月进行一次全面检查维护。检查维护内容如下：

a. 检查各部件有无脱漆、生锈，清洗设备各轴承，更换润滑油(脂)，必要时更换磨损严重的零、部件；

b. 校正加油机的计量器，使其精度在±3‰范围内；

c. 维护保养各防爆密封面，测量电动机线路和其他绝缘导线电阻值，应不小于 0.5MΩ。

⑦ 每年春、秋季应各检查一次防雷、防静电和电气设备的接地，各接地极、接地线和跨接连接的电阻值不得大于各自的规定值。

(6) 加油站的各种消防器材，每年应检查保养一次。清除外部的泥土、灰尘和油垢；检查灭火药剂的性能，更换失效的药剂，填写检查、换药日期。寒冷季节还应做好防冻工作。

（7）认真做好防汛、防洪工作。每月应对加油站周围的排水沟和罐间的排水孔进行检查清理，保持畅通。雷雨季节尤其应加强检查。

（8）各项设备的检查维护均应做好记录，发现问题应及时处理。对各脱漆锈蚀部位应及时除锈补漆。

（9）制定切实可行的消防预案，经常组织消防训练和安全教育，使加油站人员能做到：熟悉加油站的规章制度，会用加油站的消防器材，会管加油站的安全工作。

（10）认真做好加油站相关资料的登记、统计工作。将加油站的设计施工图纸和各种设备、装置的说明书及征地产权文书等，装订成册，妥善保管。

（五）加油站安全规则

（1）来站车辆必须带齐有关证件，凭票、证加注或充电。

（2）站内严禁烟火，禁止携带易燃、易爆物品进站加注或充电。

（3）禁止无关人员入站。

（4）车辆加注或充电必须按顺序停靠在规定的位置。

（5）车辆加注必须先熄火后加注，严禁在加注时乱轰车辆油门和修理车辆。

（6）未经允许，不得动用站内的各种设备、设施、工具和消防器材。

（7）保持站内场地清洁，禁止随地吐痰、乱弃废物。

四、　加油站主要生产作业

（一）运油车卸油的作业程序

（1）第一步，油车进站前的准备工作：

① 接到来油通知后，确定装油油罐，并对油罐各设备进行检查，发现问题及时处理。

② 测量罐内油面，计算罐内存油，核对尚能接收油料量。若该油罐不能全部接收来油数量，则应考虑收入其他油罐或采取其他办法。

③ 准备好消防器材和卸油工具。

（2）第二步，油车进站后的卸油作业：

① 油车进站后，首先索取并核对有关证件、来油数量和牌号。核对无误后指定油车停靠在卸油车位，并关机熄火。

② 连接好油车的导静电接地线和卸油软管。如有油气密闭回收系统，应连

接好油气回收管路，同时关闭油气呼吸管上的阀门。

③ 缓慢打开油车上的卸油阀门开始卸油，同时应密切监视油罐液面上升情况。装油高度不得超过安全高度，更应防止冒罐溢油。

④ 卸油过程中不得检修、发动油车；也不得从该罐向外加注油料。

⑤ 遇有雷雨、大风、高温天气，不得进行卸油作业。

⑥ 卸油时，油车司机和站内加油员不得离开现场，发现异常现象应立即停止卸油，查明原因进行处理后，才能继续卸油。卸油时，无关人员不得靠近现场。

(3) 第三步，卸油完毕后的收尾工作：

① 油车卸空后，关闭油车卸油阀门，撤收卸油软管和静电接地线，如有油气密闭回收系统的，尚应撤收油气回收管路，打开油气呼吸管上的阀门，油车即应离开现场。

② 收入油罐内油料静止 20min 后，测量油面高度，计算收油数量，填写收油记录和有关单据。

③ 清理现场，收回工具及消防器材，关闭卸油孔盖及相关阀门。

(二) 向汽车加油的作业程序

(1) 第一步，加油前的准备工作：

① 清理现场，搞好站区卫生，清除加油机和油枪上的灰尘、油污。

② 检查安全防火措施是否落实，消防器材是否完好到位。

③ 检查加油机、管路、阀门等设备是否完好。电线和管路接头有无松动，螺栓(母)是否齐全紧固，各转动部分是否灵活，有无刮、碰现象。

④ 测量罐内油面高度，计算罐内存油量并准确记录。按流程开、关有关阀门，接通电源开关。

⑤ 以上各项工作完成后，开启通道大门，准备加油。

(2) 第二步，油料加注作业：

① 核实加油证、加油票或加油手续是否符合规定。

② 向汽车加注油料时，车上不得坐人，应下车远离现场。

③ 加油过程中，应密切注意加油设备运转情况，遇有设备出现高温、冒烟、部件松动、渗漏油料或发生刮碰等异常情况时须及时停机。待问题解决后，才能继续开机加油。

④ 遇到下雨、打雷、大风天气、车辆发动或其他危及人身和加油站安全的情况时，均应停止加油。

⑤ 加完每辆汽车后，按实际加油数填写加油证或收取加油票或与司机结账登记。计数时不足 1L 的按四舍五入处理。

(3) 第三步，每天加油后的收尾工作：

① 切断电源开关，关闭有关阀门和通道大门。

② 测量油罐油面高度，计算油罐发油量并与加油机发油量核对，填写加油记录。

③ 检查油罐、加油机及其他设备设施，确定无误后方可结束一天的加油工作。

第四节　加油站设备设施管理与使用

一、 加油站设备设施管理要求

加油站的设备设施的管理要求，归纳为以下九个方面。

(一) 设备设施管理制度

加油站的设备设施管理，应当建立健全责任制。统一组织，正确使用，经常维护，及时修理，达到完好标准。

(二) 设备技术要求

加油站油罐、管线、阀门应当做到无渗漏，金属表面无锈蚀，防腐漆层完好；油罐附件齐备、性能良好，油罐标记工整、项目齐全(标明罐号、油名牌号、安全容量、安全高度)；管线无变形，地基无沉陷；阀门转动灵活，露天阀门有防尘罩，关键阀门加锁控制；油泵、加油机工作平稳，无异常现象，有检修维护登记清册，内容填写符合规定。

(三) 设施设备标记要求

加油站各种设施、设备应当分别编号，正确标记。

汽油管路涂红色色环，管路上的阀门手轮涂红色；柴油管路涂黄色色环，管路上的阀门手轮涂黄色。

(四) 设备使用要求

加油站主要设备应当列出正常运行参数，不准超负荷或带故障使用，不得在设备运行时检修。遇停电或者设备突然失灵时，应当立即停止使用，待恢复正常后再行启动。

（五）工艺技术要求

加油站应当积极采用网络管理、IC 卡技术、自动化控制、环境保护等新技术、新工艺、新设备，不断提高现代化、科学化管理水平。

（六）建筑设施要求

加油站建筑物应当布局合理，功能配套，简洁实用，整齐划一，设施完好无损。

（七）环境要求

加油站应当保持场地平整，道路畅通，无积水、无杂物、无油迹，清洁有序，有防洪排水措施。

（八）绿化美化要求

加油站应当加强环境保护，因地制宜地种植油性小的花草树木，改善站容站貌，美化工作环境。

（九）资料管理要求

加油站应当加强设施设备档案资料管理，建立健全各类档案资料。

档案资料主要包括加油站征地文书、审批文件、设计图纸、建设平面图、工艺流程图、电气系统图等建设资料；设施设备技术档案、维修记录等资料。

二、 加油站设备完好标准

根据加油站设备设施的特性和使用要求，保持其处于良好的状态，归纳如下。

（一）加油机完好标准

（1）外观整洁，漆层完好，铭牌清晰，各部机件紧固适当，无油垢，无锈蚀，不渗漏油料。

（2）基础牢固，地脚螺丝齐全、满扣紧固。

（3）运转平稳，无振动，无杂音。油路畅通，出油量符合规定要求。

（4）电机和电源配线选型适当，符合防爆要求，无短路、漏电，接地良好。

（5）计量仪表完好准确，计量误差不超过±0.5%。

（6）加油软管无破损折瘪现象，加油枪开闭灵活，闭锁可靠。

（7）使用、安装等资料齐全，有运行、检修记录。

（二）加油枪完好标准

（1）加油枪完好无损，油枪口有帽（罩）。

（2）板机开关灵活好用。当固定在开启位置上时，加油流速正常，放开板机后，关闭严密无渗漏。

（3）油枪接头有垫圈，螺栓齐全、满扣，无渗漏。

（4）油枪过滤网清洁无破损，并经常检查清洗。

（5）静电连接线连接完好，电阻值符合要求。

（6）有使用说明书，检修、清洗有记录。

（三）油罐完好标准

（1）罐基稳固，罐体无严重变形，罐基下沉量和倾斜度、罐壁垂直度偏差和壁板局部凸凹度均符合规定。

（2）罐外壁清洁，漆层完好。掩埋罐覆土层无流失，防腐层完整，无锈蚀，无渗漏。

（3）油罐附件齐全，连接牢固，无锈蚀，无渗漏油、气现象。排污管不堵不漏，罐底无翘起，周围防腐处理良好。

（4）油罐静电接地点牢固可靠，其接地点和接地电阻值均符合规定。

（5）技术资料齐全，建有技术档案，容积表准确，有检修、保养、洗刷等作业记录。

三、油罐及其附件的维护保养

加油站应当对油罐及附件进行经常检查，并及时维护保养，确保油罐及其附件符合下列要求：

（1）罐基稳固，罐体无变形、无明显倾斜。

（2）油罐无渗漏，防腐层无脱落、无锈蚀、外观整洁。

（3）立式油罐罐底无翘起，直埋地下卧式油罐无漂浮。

（4）油罐防雷和防静电接地连接牢固可靠，法兰连接处的跨接线无断裂、无锈蚀，接触良好。

（5）阻火器表面无锈蚀，垫片严密，阻火芯无变形、无尘垢、无冰冻，通道畅通。

（6）呼吸阀无锈蚀、外观整洁，阀盘启闭灵活、关闭严密、无卡死、无粘结、冬季无冰冻，呼吸网罩无缺损、畅通无阻。

（7）呼吸阀、阻火器每季度应当检查维护一次，冰冻季节每月检查维护一次。

（8）测量孔表面无锈蚀，垫片完整，孔盖开闭灵活、关闭严密，孔内测量导板无损伤、无锈蚀。

（9）人孔表面防腐涂层无脱落、无锈蚀，孔盖和孔径法兰面平整、无变形、无锈蚀，垫片无老化变质、无缺损，螺栓齐全、紧固松紧适当，关闭严密。

（10）技术档案资料齐全，容积表准确。

四、 加油机操作规程

（1）加油机第一次使用时，必须向泵内加注一定数量的油料，打开加油枪并开动泵，排除整个管路系统中的空气，保证加油时计量准确。

（2）加油时，将加油枪取下，起动电动机，计数器回到零位。枪嘴插入受油容器中，打开加油枪开关手柄，开始加油，计数器随之计数。加油中要注意看字盘读数，如已到需要数字，立即放松加油枪开关手柄，使油枪停止供油。加油完毕，把油枪放回原处，使托板复位，切断电动机电源。

（3）对于没有自动复位装置的加油机，再次加油前必须摇动回零手柄，使计数器的每位数字都回到零位后，才能启动电动机。如果回零一次不能启动电动机时，则可再继续摇转回零手柄。

（4）自封加油枪自封后不能立即再开枪，必须等待几秒钟后，使自封小孔内的油滴出后才能再次开枪，否则不能正常工作。

五、 加油机的使用与维护保养

（一）加油机使用的重点提示

（1）加油机使用应严格按使用要求和操作规程进行。

（2）加油机应按规定进行定期检查。

（3）加油机应经常保持清洁，对过滤器应适时清洗。

（4）主阀杆部应经常加注润滑油以保证灵活可靠。

（5）三角皮带松紧要适当。

（6）泵的溢流阀弹簧不可调节过紧。

（7）泵轴承、计数器及其他外露和相互摩擦的部位，应适时加注适量润滑油。

（8）自封油枪应轻拿轻放。

（二）加油机检查维护要求

（1）加油机应经常检查，并及时维护保养，确保加油机符合下列要求：

① 外观整洁、漆层完好，无油垢，无锈蚀，铭牌清晰，标志明显；

② 安装稳固、部件无松动，运转平稳，无杂音，油路畅通，无渗漏；

③ 电气元件及线路无损坏，无短路，无漏电，接地良好；

④ 加油软管无破损、折瘪，防静电连接可靠，加油枪开启灵活、关闭严密；

⑤ 计量准确，误差不超过±0.3%；

⑥ 资料档案和运行、检修记录完整齐全。

（2）应按照下列要求对加油机进行定期维护保养：

① 每三年进行一次大修，每一年半进行一次中修，每半年进行一次小修；

② 累计加油量达到50000L或者加油速度明显减慢时，应当及时清洗或者更换过滤器；

③ 每半年检校一次计量仪表；

④ 每半年对转动部件和摩擦部位至少润滑一次。

（3）加油机出现一般故障时由站内组织力量及时进行检修，出现严重或者本站难以检修的故障时，应当请生产企业或者有资质的维修单位进行检修。

（三）加油机维护保养方法

1. 经常清扫

每日应清除外壳上的灰尘，每两个月打一次光蜡，不要用水洗外壳。

2. 定期清洗

当加油机加油量达到$50m^3$（50000L）时，应将加油机过滤器进行清洗，以免脏物进入泵和流量计而损坏机件，堵塞油路。在清洗过滤器时，有毡滤套的应将过滤套拆下分别在汽油中清洗，在拆卸过滤器时应注意勿损伤垫片及纸质滤芯。

3. 适时润滑

适时润滑各摩擦、转动部件。泵传动轴、传动齿轮及回零机构的轴承应定期用10号车用润滑油润滑。

计数器的传动部分用锭子油定期进行润滑。

4. 定期校验

加油机按规定须半年检验一次，计量误差不超过±0.3%。校验方法可以用体积法或重量法进行，计量器缸盖装有计量调整螺丝，可以进行一定的调整。但注意不得用水校验，以防机件锈蚀。加油机加油量减少可能是压力不足，可进行测量，如果达不到标准，可旋转泵的回流阀调节螺钉进行调节。

5. 维修检查

加油机发现渗漏应即时维修检查。打开加油机盖罩，在关闭加油枪和开动泵的状态下观察计量器中心轴是否转动，如发现轴转动了角度，则说明计量器输出止回阀或管线有渗漏现象，查明原因并排除。

（四）加油机及其系统常见故障及其处置

加油机及其系统故障的通用处置程序是：立即停机→切断电源→关闭吸入管路阀门→查找原因→处置故障。

加油机常见故障及其处置见表8-6。

表8-6　加油机常见故障及其处置措施

常见故障	产生原因	处置措施
加油机不出油	电动机皮带太松，油泵转速不足	调整皮带
	出油管路系统漏气	检修管道及管件的密封性
	泵与吸口处连接不密封，漏进大量空气	检修泵外壳，加密封垫，拧紧螺栓
	油罐中存油不足或油罐已空	油罐进油
	过滤器中污物过多	清洗或更换过滤器
	油枪始终处于自封状态，导致油枪不出油	检修油枪的自封机构，如自封孔是否堵塞，自封装置是否完好
	油气分离器出油阀卡死	卸下出油阀，清除杂物
	泵长时间高速运转，造成泵的磨损、内泄增大、效率下降	清除泵内杂物，更换叶片泵
	油品质量不合格引起测量变换器卡死	更换合格油品
出油量减少	电动机皮带过松	调整皮带
	出油管路系统不通	疏通管道，使吸油正常
	泵入口漏进大量空气	检修泵外壳，加密封垫，拧紧螺栓
	油罐中存油不足或油罐已空	向油罐进油
	过滤器堵塞	清洗或更换过滤器
	加油枪胶管堵塞，加油机阀的开启度变小	检查胶管、开关的有效行程，顶杆的灵活性
	叶片泵长期使用，磨损严重，效率下降	更换叶片泵

续表

常见故障	产生原因	处置措施
油气分离器排气管喷油	加油站使用高架罐	堵住排气孔
	油气分离器回油浮子破损、卡死、不能浮起	更换或修复回油浮子，使其运动自如
	油气分离器回油阀不能开启或堵塞	清理、修复回油阀
	油气分离器出气阀失效	修理、更换出气阀
出油含有气泡	油气分离器低压腔漏气	检查低压腔各密封垫的性能和安装位置
	油气分离器排气阀孔堵塞	清理、修复排气阀
	油罐与加油机连接管道漏气	检修管道与有关接头、阀件的密封性
	油气分离器出口处单向阀卡死不能关闭	修复或更换单向阀
加油机噪声大、振动大	进油过滤器堵塞	清洗过滤器
	溢流阀卡死或弹簧太紧	修复或更换溢流阀
	油泵叶片破碎、卡死	更换叶片
	分离器出油阀被卡住打不开	检修出油阀
油枪不自封或漏油	进气管道堵塞	清洗、疏通进气管道
	主阀关闭不严	调整主阀或更换耐油橡胶垫
	顶杆密封失效	调整或更换密封圈
	进油口密封不严	更换密封圈
出油不计数	测量变换器传动弯头轴销脱落	换装轴销
	测量变换器传动轴两端弹簧销折断	换装轴销
	机械计数器损坏	检修计数器，更换损坏件
	脉冲发生器损坏或接触不良	更换脉冲发生器或检查连线、接插件、焊点

六、 自封油枪常见故障及其处置

自封油枪常见故障及其处置措施见表 8-7。

表 8-7 自封油枪常见故障及其处置措施

故障现象	故障原因	排除方法
油枪不能关闭或关闭后少量漏油	主阀与阀座间有异物，或者是副阀弹簧失效，起不到密封作用	清洗主阀，将弹簧拉长或更换弹簧

续表

故障现象	故障原因	排除方法
油枪不自封	开关薄膜上腔与外界密封不严，如上腔盖子未拧紧，油枪嘴内的转接套和副座上的 O 形密封圈损坏，使开关上下腔之间不能形成压力差	上腔盖子拧紧，更换损坏的 O 形密封圈
小流量不自封	小流量的情况下，流速低，空吸作用弱，开关上下腔之间的压力差小，无法克服弹簧的弹力使自封杆上移	减小开关上腔弹簧的弹力
油枪频繁自封	主要原因是油枪嘴内的进气管被脏物堵塞，进气不畅。另外，开关膜上腔弹簧弹力过小也可造成频繁自封	清除进气管内污物，保持进气管畅通；适当拉伸自封弹簧，增强弹簧的弹力
开枪不出油或出油量小	油枪滤网堵塞或油管接头被异物堵塞	清洗滤网，重新更换、安装胶管
油枪漏油	① 油枪漏油多出现在油枪与胶管的活动接头处和油枪嘴与枪体的结合处，此两处多是因为使用不当造成 O 形密封圈损坏； ② 主阀顶部压盖处漏油，一般是压盖没有拧紧或 O 形密封圈损坏	① 应更换 O 形密封圈； ② 应拧紧压盖或更换 O 形密封圈

七、 IC 卡的管理与使用

（一）IC 卡的种类

1. 按集成电路分

根据卡中所镶嵌的集成电路的不同分为三类：存储器卡、逻辑加密卡、CPU 卡。

（1）存储器卡：

存储器卡由多个存储电路组成，只具有记忆能力，卡中的集成电路为一标准的串行 EEPROM（电可擦编程只读存储器），它的最大特点就是当对卡中内容进行读、写、擦除操作时无需核对密码，这种卡不具备安全性能。

（2）逻辑加密卡：

逻辑加密卡除具有记忆能力外，卡中的集成电路还具有加密逻辑和 EEPROM，它的安全性虽比存储器卡高，但无控制、运算功能，不能执行复杂的加密算法，一般应用在安全性不高的系统中，这种卡因价格低廉，可在要求极低的应用场合使用，被伪造的风险较高，不能大规模应用。

（3）CPU 卡：

CPU 卡是一种具有微处理器芯片的 IC 卡，卡中的集成电路包括中央处理器 CPU，EEPROM、随机存储器（RAM）以及固化在只读存储器（ROM）中的卡内操作系统 COS。微处理器与数据存储器一起封装在基片上，有的还带加密/解密协处理器。它相当于一台微型电脑，有自己的操作系统，具有逻辑和数学运算处理能力，可执行复杂的加密算法。这种卡具有较高的安全性，在硬件上是靠卡内的 CPU 及其特殊的硬件结构来保证的，在软件上是靠 COS 来保证的。引入了先进的“电子钱包”的概念后，CPU 卡的安全性更趋完美。CPU 卡的安全性是它区别于磁卡和存储卡的最重要的优点，也是发展 CPU 卡最重要的原因。严格地讲，只有 CPU 卡才是真正的智能卡。

2. 按应用领域分

按应用领域来分，IC 卡有金融卡和非金融卡两种。

（1）金融卡：

金融卡又分为信用卡和现金卡等。信用卡主要由银行发行和管理，现金卡又称储蓄卡，不允许透支。

（2）非金融卡：

非金融卡往往用于管理场所，常见的有预付费卡，如交通卡、加油 IC 卡等，虽然是按卡面值购买，先购买后使用，都兼有电子钱包的功能，但均属于非金融卡。

（二）IC 卡的结构与接口设备

1. IC 卡的结构

从外形尺寸看，它的具体结构为：长 85.47 ~ 85.72mm，宽 53.92 ~ 54.03mm，厚 0.76mm±0.08mm（ISO 标准）。在其厚度范围内有一个小凹室，超大规模集成电路芯片就嵌于该小凹室内，一个特制的极薄的小印刷电路片盖在小凹室上，并以特殊的粘贴技术固定在卡片上，印刷电路通过线路连接成大规模集成电路，并提供与卡读写器设备的电路接触。当把 IC 卡插入读写器后，各接点对应接通，IC 卡上的超大规模集成电路就开始工作。

2. IC 卡的接口设备

（1）接口设备的组成：

为了使用 IC 卡，还需要有与 IC 卡配合工作的接口设备 IFD，或称为“读写设备/读写器”。IFD 可以是一个由微处理器、键盘、显示器与 I/O 接口组成的独立设备，该接口设备通过 IC 卡上的 8 个触点向 IC 卡提供电源并与 IC 卡相互交换信息。IFD 也可以是一个简单的接口电路，IC 卡通过该电路与微机相连接。在卡上能储存的信息总是有限的，因此大部分信息需要存放在接口设备或计算机中。

（2）接口设备的功能：

一般而言，接口设备对于 IC 卡操作来说应具备以下功能：

① IC 卡的插入与退出的识别和控制。

② 向 IC 卡提供其需要稳定的电源和时钟信号。

③ 实现与 IC 卡的数据交换，并提供相应的控制信号。

④ 对于加密数据系统，应提供相应的加密与解密处理和密钥管理机制。

⑤ 提供相应的外部控制信息及其他设备的信息交换。

（三）IC 卡的使用特点与使用步骤

1. IC 卡的使用特点

（1）IC 卡体积小，便于携带，使用方便。

（2）IC 卡保密性强：

IC 卡本身具有硬件安全策略，可以控制 IC 卡内某些区的读写特性，如果试图解密则这些区自锁，即不可进行读写操作。此功能安全性高，使 IC 卡不可复制，所以 IC 卡中数据安全可靠。IC 卡从设计到生产采用一系列严格的加密措施，设置了多级密码，逐级验证以防假冒，具有独特的不可复制且防外部侵入的存储区，并且为用户提供多种数据加密的方法。

（3）IC 卡网络要求较低：

IC 卡安全可靠和大容量的特点，使其在应用中对计算机网络的实时性、敏感性要求降低，可以在脱机条件下使用，也就是说消费终端可以在没有专线的情况下使用，交易数据可以采用拨号联网的方式传送，适合在加油站、加气站中使用。

（4）IC 卡适应外界环境能力强，防磁、防静电、抗干扰能力很强。

（5）IC 卡使用寿命长，可重复擦写 10 万次以上。

2. IC 卡的使用步骤

IC 卡在使用时读写器与 IC 卡要互相确认，以防止伪卡或插错卡，一般来说，使用一次卡要经历以下 8 个步骤：

第一步，插卡，读写器向卡加电源，并发一复位信号，令卡进行初始化，做好交易的准备，然后由卡发出应答信号。

第二步，读写器鉴别卡的真伪。

第三步，卡鉴别读写器的真伪。

第四步，检查卡是否列入黑名单，如已列入，将停止使用。

第五步，检查上次交易是否正常完成。如果在完成前就拔卡，卡应具有自动恢复数据的功能。

第六步，鉴别持卡人的身份。通常采用密码比较方法，即由持卡人输入只有他本人知道的密码，与预先存在卡内的密码进行比较，如比较相符，说明持卡人是卡的主人。

第七步，根据应用需求进行交易。

第八步，交易完成，拔卡。

（四）IC 卡在加油站的应用及优点

1. IC 卡在加油站的应用

（1）IC 卡在加油站的实际应用：

IC 卡在加油站的实际应用，主要有三个方面：一是使用银行发行的信用卡、现金卡，使用 POS 机完成加油费用的结算；二是石化、石油公司发行的预付卡（储值 IC 卡），即电子油券；三是使用 IC 卡加油机和 IC 卡管理系统，组成 IC 卡加油网络管理系统。无论是从方便用户、安全角度，还是从加油站管理角度，使用 IC 卡加油网络管理系统将是今后加油站的发展方向。

（2）IC 卡加油网络管理系统的构成与优势：

① IC 卡加油网络管理系统的构成：

IC 卡加油网络管理系统是以 IC 卡加油机、数据库管理系统、网络系统等构成的有机整体。

② IC 卡加油网络管理系统的优势：

a. IC 卡加油网络管理系统的应用，可实现 IC 卡自动结算、自动收费、数据自动处理的功能。

b. IC 卡加油网络管理系统的应用，解决了长期困扰加油站的油品丢失、克扣顾客、倒卖油券、拖欠油款、账目混乱等问题。

c. IC 卡加油网络管理系统的应用，可实现各加油站之间，加油站与石油公司之间，以及加油站与银行之间的联网通信。

d. IC 卡加油网络管理系统，还可根据网点的分布情况实现局域加油网络、本地加油网络和异地加油网络管理，实现真正意义上的网络化经营。

2. IC卡在加油站应用的优点

（1）操作便捷，结算准确：

IC卡加油可以按当天的市场价格消费任意品种的油品。持卡人加油前在任何卡机联动的加油机上插入IC卡，加完油后，加油机可以按实际金额自动进行结算，免去了开票、找零的手续，彻底杜绝了加油员克扣的可能。

（2）防伪性能好，安全系数高：

IC卡可以设定密码，如果用户不慎将卡丢失，还可以在发卡点办理挂失、止付手续，将原卡中的金额转存到新卡中，避免意外损失。彻底避免了假票、假钞的困扰，使用户和加油站放心地购油和售油。

（3）提高加油站服务水平：

使用IC卡加油，可以方便地查询到每一次的详细情况，包括卡号、时间、地点、品种、数量、金额、加油机号码、加油员姓名、加油前卡中余额及加油后卡中余额等信息。IC卡特有的限号加油功能可以为机关、企事业单位的车辆用油提供更为先进的管理手段。

（4）提升公司经营管理水平：

① 在建立加油站IC卡加油系统的同时，还可以建立加油站的管理信息系统，实现加油信息的自动采集、存储管理、网络传输和统计查询等功能。

② 可以使油价调整工作通过联网的方式让加油机定时自动完成，提升石油公司的管理水平。

③ 发售IC加油卡，可以发展更多的固定用户，提高加油站的经济效益。

④ 当持卡用户达到一定规模后，还可以促进社会加油站的加盟，使持卡人和IC卡联网加油站的增加形成相互促进的良性循环。

（5）杜绝油票弊端，实现货币电子化：

当联网加油站与持卡人的规模达到一定程度时，石油公司可以取消油票，继续保持油票预收款功能，彻底杜绝油票在使用、管理、结算、回笼、兑换工作中的弊端。

全面推广IC加油卡，增加电子货币的交易额，可减少现金流量，降低现金管理的不便，提高加油站安全系数。IC卡的自动结算功能还可使自助式加油变为现实。

（五）IC卡加油机的操作使用

1. IC卡加油机与普通电脑加油机的主要区别

IC卡加油机是在普通电脑加油机的基础上发展起来的，是为了实现电子货币代替现金或支票交易运用而生的。IC 卡加油机与普通电脑加油机的主要不同是增设了 IC 卡读写器，即与 IC 卡配合工作的接口设备 IFD。

2. IC 卡加油机的操作使用具体要求

（1）准备工作：

① 加油员上岗首先要对 IC 卡加油机（包括读卡器）进行测试，并查看加油机运转是否正常。

② 上岗必须用操作员卡签到。

（2）加油操作：

① 在 IC 卡插入 IC 卡读卡机前，应查看 IC 卡是否有异常现象：芯片是否脱落、移位，IC 卡是否折断、严重弯曲、污损、过期。

② 所有 IC 卡均是将卡上的芯片朝上、芯片一端朝里插入 IC 卡读卡机中的。

③ 客户用 IC 卡加油时，必须等加油机键盘液晶屏显示出卡内余额，并向客户讲明卡内显示的金额后，才能在键盘上设定客户的加油数量，即在插入 IC 卡前不能按键盘上的任何一个键。

④ IC 卡定金额加油：

a. 插入 IC 卡，加油机液晶显示屏显示卡中结余金额；

b. 根据客户要求的加油金额按相应的数字键，再按“元”键，液晶显示屏显示相应金额（定额加油不能设定角、分）；

c. 提枪、翻板，油泵启动后加油；

d. 加油结束后搁枪，等 IC 卡加油机键盘液晶显示屏显示指定符或读卡机蜂鸣器鸣叫后方可拔卡，否则将产生“灰卡”（指上次加油金额尚未扣除的 IC 卡）。

⑤ IC 卡定油量加油：

a. 插入 IC 卡，加油机液晶显示屏显示卡中结余金额；

b. 根据客户要求的加油升数按相应的数字键，再按“升”键（或按液晶显示器下面显示的相应键），液晶显示屏显示相应数量；

c. 提枪、翻板，油泵启动后加油；

d. 加油结束后搁枪，待 IC 卡加油机键盘液晶显示屏显示指定符或读卡机蜂鸣器鸣叫后方可拔卡。

⑥ 随机加油：

a. 插入 IC 卡，加油机液晶显示屏显示卡中结余金额；

b. 按“＊”键，液晶显示屏显示“FULL”；

c. 提枪、翻板，油泵启动后加油；

d. 加油结束后搁枪，等IC卡加油机键盘液晶显示屏显示指定符或读卡机蜂鸣器鸣叫后方可拔卡。

（六）加油站IC卡的安全管理

IC卡的作用是在加油时替代现金、油券进行所谓的“电子结算”，IC卡与油券一样是含有一定金额的有价凭证。虽然IC卡可通过加密验证等手段进行安全防护，但是从技术的角度来看安全问题，绝对的安全是没有的。

从实际使用的角度来看，要绷紧“安全”这根弦，自始至终把安全放在首要位置，贯穿于系统的设计、选择、使用等全过程，特别应重视油品销售中的安全管理。

1. IC卡-电子油券油品销售安全管理

加油IC卡作为一种有价卡，其发行和安全问题必须遵循中国人民银行的有关规定。在主管公司委托下，销售专用IC卡的PC机发卡储值点应单独建账，按有关规定进行管理。加油站在日常加油服务中应做好以下工作：

（1）应根据顾客需要，随时提供查询卡内余额、加油记录等服务，并配合用油单位对车辆购油情况进行管理；

（2）加油员加油时须认真鉴别IC卡的真伪，注意用户自助加油时的操作，发现伪卡、假卡和列入“黑名单”的卡时，拒绝付油，同时应向站长和主管公司汇报。

（3）每日营业终了，及时将IC卡加油的有关数据上传至数据中心和有关部门，以便数据中心按卡号与发行数据对比，及时发现不正常的IC卡。

（4）正确使用、妥善保管加油站管理卡和操作卡。

（5）在对计算机的操作和对业务数据的交换中，严格执行有关计算机安全管理规定，严禁未经授权的人员操作计算机，严禁操作人员在计算机上进行未经授权的操作。

（6）读卡机、发卡机、管理机（中央控制机）等专门设备应有专人负责维修、保养、保管，使之安全保密始终处于良好的工作状态。

2. 信用卡油品销售的安全管理

（1）有条件的加油站可以和有关银行签定合同，受理信用卡加油。

（2）开票员要严格执行信用卡的操作规程，按规定与银行交换数据。

（3）读写信用卡的机器出现故障时，立即通知银行进行修理。

（4）及时与银行核对加油数据及油款进账情况。

3. IC卡管理系统常见故障及其处置措施

IC卡管理系统常见故障及其处置见表8-8。

表 8-8　IC 卡管理系统常见故障及其处置措施

序号	常见故障	处置措施
1	数据不连续	当管理系统中传输的数据不连续要进行回叫操作，系统会重新下载数据，确保数据的完整性
2	数据重复	当传送或接受的数据出现了重复时，要进行删除重复数据的操作
3	部分数据丢失	当发现数据丢失或不完整时，先关闭电脑，重新启动，进行回叫操作。如果还不能恢复要进行重新传输数据的操作
4	死机	一般是指显示正常，但是无法进行操作的问题。这时，将鼠标移动到重新启动的按钮上重启电脑，或直接按下电脑上的 Rest 键
5	数据漏采	这时显示是否回叫，点选“Yes”，当前后数据一致时则不回叫，当前后数据不一致时则回叫
6	数据上传出现差错	这时需要报告上级业务管理中心，待管理中心派维护人员进行维护
7	IC 卡的质量问题	当客户将 IC 卡插入加油机显示为灰卡时，要为客户进行换卡操作，客户应将 IC 卡送往发卡处进行解灰操作。无法解灰的灰卡一般作为废卡处理
8	读卡器“吃”卡	可将大头针插进 IC 卡插座上的小孔进行退卡，如 IC 卡插座上没有小孔，则可轻拍 IC 卡插座退卡。如无法退卡，应联系 IC 卡管理系统开发商进行处理，切莫随意处置

第五节　加油站的油品管理

一、　油品的质量管理

（一）常用油品的品质要求及质量维护

油品的品质要求在石油产品标准中有定量的要求，这里仅为满足使用中的需要而提出一些定性要求。油品质量的管理在生产、运输、储存等各个环节都要注意，本节主要是从储运过程中提出管理要点，详见表 8-9。

表 8-9　常用油品的品质要求及质量管理

油品名称		品质要求	质量管理要点
车用汽油		① 汽化性能良好，燃烧完全； ② 有足够的抗爆性能，即辛烷值要高，以减少爆震； ③ 抗氧化安定性要好，储存中不易变质； ④ 不应含水分、机械杂质、水溶性酸碱，严格控制硫分，腐蚀试验合格	① 储运过程中要控制蒸发。储存容器要不漏光、漏气(呼吸阀选择适当)，储存温度最好在15~20℃之间； ② 不得混入水分，车用汽油罐底不宜铺水垫层； ③ 热裂化车用汽油，从出厂日算，储存期不宜超过6个月。同牌号裂化和直馏产品相混，亦不宜久存
轻柴油		① 要有适当的凝点、浊点、黏度； ② 不应含水分、机械杂质； ③ 有良好的燃烧性能； ④ 硫分不能超过规定值； ⑤ 不得含有水溶性酸碱	① 不得含有水分、机械杂质，低凝点轻柴油不允许有水分痕迹； ② 页岩或裂化轻柴油，不得长期存放； ③ 页岩与天然油产品不得混存
内燃机油	汽油机油	① 具有适当的运动黏度、黏度比和较低的凝点，黏度不应随温度变化而有较大变化； ② 有较高抗氧化安定性和较高的闪点； ③ 不能含有水分、机械杂质及水溶性酸碱； ④ 不腐蚀、磨损机件	① 不同牌号的汽油机油和柴油机油不得混存； ② 汽油机油和柴油机油均应入库保管，不能与水接触
	柴油机油	基本同汽油机油	
钙基润滑脂		抗水性强，滴点不高	① 润滑脂类的容器须洁净、干燥，无水、锈、杂质，严闭密封，入库保管； ② 钠基脂、钙钠基脂、锂基脂均不得有极微水分侵入，严防乳化变质
复合钙基脂		耐高温，有良好的塑性，不滑落，不流出	
石墨钙基润滑脂		抗水性强，耐磨	
钠基润滑脂		对水敏感性很强，遇水形成乳状	
钙钠基润滑脂		较钙基脂耐高温，较钠基脂抗水性强	
锂基润滑脂		有良好的抗水性和胶体安定性，耐热、耐磨、耐高温	
工业凡士林		遇水不溶解、不乳化，化学安定性好，具有良好的可塑性、胶体安定性，具有良好的润滑与拉丝性能	

（二）油品质量的检验

1. 入站前油品须严格检查

（1）检查油品是否有发油单位的合格证，无合格证的不能接收。

（2）检查核实品名、规格、数量是否与发油单位相符，防止收错。

（3）检查油桶有无损坏，桶盖是否严密。

2. 入站后油品应进行化验

检查核实油品是否符合质量标准，不合格的应单独存放。国产油品化验必检项目见表 8-10，进口油品须经全面化验分析，合格后方可接收。

表 8-10 常用油品验收化验必验项目

来油品种名称	必验项目
车用汽油、溶剂油、灯用煤油、轻柴油	馏程
溶剂油	油渍、芳香烃含量、挥发速度
灯用煤油	闪点、色度、无烟火焰高度
轻柴油、各种润滑油	凝点
各种润滑油	黏度
机械油	腐蚀
压缩机油、汽缸油、变压器油	闪点
变压器油	水溶性酸度
汽轮机油	抗乳化度
各种润滑脂	滴点、针入度、腐蚀

二、 油品的数量管理

（一）油品的准确计量

加油站收油数量的计量，是靠对储油罐和汽车罐车内油位的测量来计算接收的油品体积的。加油站发油数量的计量，靠加油机数码直接读数。只要把住这三处计量关口，且这三处的计量基本一致，就说明计量是可靠的。其中加油机的计量是靠仪表自动控制的，加油员只要不读错数就可以了。所以加油站油品的准确计量，主要在于油罐和罐车油高测量，及油高和体积的换算。

（二）避免油品跑、冒、滴、漏

加油站油品跑、冒、滴、漏，多是人为造成的不应有的损失，多属员工责任心不强所致。要避免跑、冒、滴、漏，特别应注意两点：一是坚持检查制度，及时发现和处理油罐和管线等设备渗漏油品；二是严格遵守收、发油品的操作规程，防止收油时冒罐及发油时加油枪溅洒或溢出油箱。

（三）减少油料蒸发损耗

1. 安装合适的呼吸阀，减少小呼吸损耗

油罐上装有呼吸阀，使油罐不能直接与大气相通。只有罐内气体压力和罐外大气压力的差值超过油罐所能承受的压力时，呼吸阀内的阀盘才开启，油罐才与大气相通，才有气体进出油罐，产生蒸发损耗。在收发油料时，油罐内外的压差肯定超过了油罐的控制压力，这时呼吸阀的阀盘处于连续开启状态，等于没有它一样，可见呼吸阀只是控制小呼吸损耗的。埋地卧式油罐，由于温度变化很小，基本不产生小呼吸损耗，所以规范上规定，这种罐可以不装呼吸阀。但是地面卧式罐，由于它温度变化大，小呼吸损耗不可避免，所以一定要安装呼吸阀。

2. 降低地面油罐内油品的温差变化

地面油罐因受太阳的照射，罐内油品的温度随之升高，太阳落下，油品温度随之降低。油温反复变化即会增加油品的蒸发损耗，所以必须设法降低地面油罐的温度。常用的方法有三种：第一种是在罐外涂刷白色反光漆或隔热漆；第二种是采取洒水降温的办法；第三种是采取隐蔽油罐的方法。各加油站可就地取材、因地制宜采取适当办法，降低油罐的温度。

3. 提高油罐的装满度，减少油罐的气体空间

油罐有个安全容量，不能装得太满，太满了会因油温升高体积膨胀，油会溢出油罐或胀坏油罐。但在不超过安全容量(安全液面)的前提下，尽量提高装满度，使罐顶的气体空间减少，这会减少油品的蒸发损耗。

4. 采用密闭系统卸油、加油、收集油蒸气

卸油是油气密闭回收的重点，但它的技术并不复杂(现北京已有少数加油站采用自补偿法进行密闭卸油)。在加油时油气密闭回收却是难点：一是国内目前没有带油气回收的加油机；二是目前国内车型多，油箱口规格不统一；三是目前某些相关技术尚不成熟。

加油站的整体密闭系统工艺如图 8-1 所示(以加油站的一种油品、一机一枪为例)。其工艺过程为：

(1) 卸油密闭自补偿过程是在油罐车与地下储罐之间进行的。卸油时首先将卸油胶管 7 和卸油油气回收胶管 4 分别同油罐车与地下油罐卸油井内的相应接口(3、6、8、10)相连通，然后关闭透气管阀门 15，顺序打开阀门 11、2、5，油品

由油罐车经卸油胶管 7 注入地下油罐的同时，地下储油罐中的油气经油气回收胶管 4 补入油罐车，实现密闭卸油过程。

（2）加油密闭自补偿过程是在地下储油罐与汽车油箱之间进行的。加油站向外加油时，油品由地下油罐，通过潜油泵 17 加压，经供油管 18、加油机 23 极其加油回气同心软管 24 和加油枪注入汽车油箱，同时，汽车油箱中排出的油气又按加油逆过程返回地下油罐，形成密闭加油过程。

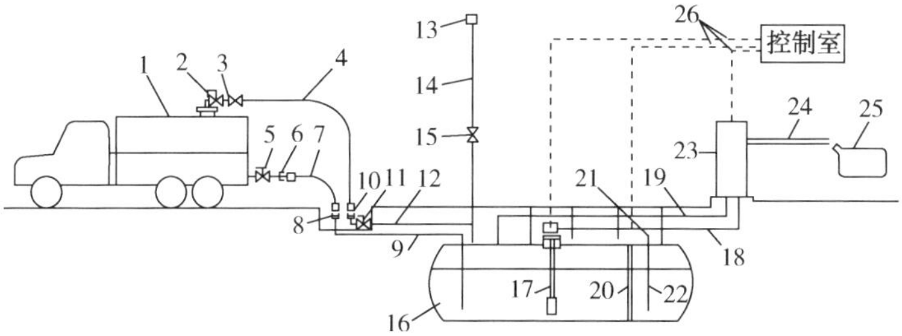

图 8-1　全密闭加油站的工艺系统图

1—油罐车；2、11、15—阀门；3、10—卸油油气回收快速接头；4—卸油油气回收胶管；
5—油罐车自带卸油阀门；6、8—卸油快速接头；7—卸油胶管；9—卸油管；
12—卸油油气回收管；13—阻火器；14—透气管；
16—地下油罐；17—潜油泵；18—供油管；19—加油油气回收管；
20—液位检测仪；21—量油口；22—量油管；23—油气回收式加油机；
24—加油回气同心软管；25—汽车油箱；26—电控传输线

三、　美国加油站油品泄漏控制技术介绍

（一）美国加油站地下油罐及管道泄漏的探测技术

加油站地下油罐及管道泄漏的探测，目前国内尚无规章要求，泄漏探测尚未开展，此处仅介绍美国对加油站地下油罐及管道泄漏探测的部分情况，以供参考。

1. 地下油罐及管道泄漏探测的基本原理及方法

美国加油站的地下油罐和有些管道，目前有双层壁和单层壁两种。

（1）对双层壁的泄漏探测的基本原理及方法有 3 种：其一是对双层壁的空间监测其压力和真空度有无变化；其二是对双层壁的空间充满溶液，并监测液位的变化；其三是将液体传感器安装在双层壁的空间，探测是否有泄漏。

（2）对单层壁的泄漏探测的基本原理及方法也有 3 种：其一是通过精确的测量手段，直接监测油罐内的液位和管道内的压力有无变化；其二是通过精确的测

量手段，来直接测量油罐和管道周围的土壤和水中的油气浓度；其三是在油罐内顶部空间和加油机底部集油槽安装传感器，探测是否有泄漏。

2. 泄漏探测装置之一：带裂隙监测器的外壳安全壳

(1) 装置的整体结构：

装置的整体结构如图 8-2 所示，其整体结构类似国内加油站防渗采用的防渗罐池，外壳安全壳相当防渗罐池，裂隙监测器相当检测立管。

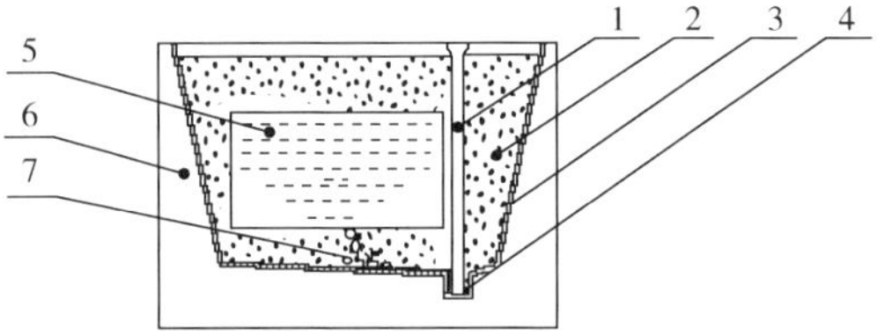

图 8-2　带裂隙监测器的外壳安全壳

1—裂隙监测器；2—回填中性细砂土；3—外壳安全壳；4—集油槽；5—卧式油罐；6—原土壤；7—渗漏油品

(2) 外壳安全壳的结构及功能：

① 外壳安全壳是油罐和外部环境(即回填土)之间的一个隔层。隔层控制着油罐与隔层间的泄漏，隔层的底部设引至裂隙监测器的坡度，在裂隙监测器底设集油槽，以便探测泄漏。

② 隔层必须围绕在油罐周围或在其下方。

③ 隔层及外部衬垫层与地下储油罐阴极保护装置互不干扰。

④ 隔层顶总高于地下水位及 25 年的洪泛水位。

⑤ 外壳安全壳不得用黏土及其他土制材料。

(3) 裂隙监测器的结构及功能：

① 监测器可以简单得像一个用于安全壳最低点的量油计，以观察液态油品是否已经泄漏并且淤积于此。监测器也可以用于连续检查泄漏的复杂的自动系统。

② 监测器用于检查油罐与隔层间的区域是否泄漏，如果泄漏即刻报警。

③ 一些监测器指示实际存在泄漏油品(液态或气态之一)；另一些监测器指示油罐有洞(如真空或压力的降低)，或者双层油罐的两壁间液体液位有变化。

(4) 装置安装使用要求：

① 按照制造商的说明书安装，并对带裂隙监测的外壳安全壳进行操作。

② 只有在隔层和裂隙监测器正确安装的情况下，构件才能有效工作。因此安装者应受过训练，并有丰富的经验。

③ 在高地下水位或多降水的地方，选择完全包围油罐的外壳安全壳系统是必要的，以防止潮湿干扰监测器。

④ 在油罐的使用期内，至少每月检测该设备一次。带裂隙监测的外壳安全壳也可用于探测管道的泄漏。

3. 泄漏探测装置之二：自动油罐测量系统(ATGS)

(1) 对泄漏探测的方法：

① 对油罐内的油品质量和温度连续测量，并由计算机自动分析和记录。

② 在库存模式下，ATGS 替代使用油尺去测量油品液位和执行库存控制。此模式记录包括传输在内的运转中的油罐状态。

③ 在测试模式下，油罐应停止运转，而且油品液位和温度要测量至少一个小时。但是一些如连续运转的 ATGS 系统，在进行测试时，不要求油罐停止运转。这是因为这些系统能够在油罐内没有输入或取出油品的多个短时间内，对数据进行收集和分析。

④ 还有将自动油罐测量与进、销、存管理相结合的一些方法。

(2) 用于加油站的条件：

① ATGS 已经主要用在包含汽油或柴油的油罐上。一些系统已经评估容量达 75000gal($1gal=3.7854dm^3$)的油罐。如果考虑使用汽油或柴油以外的其他油品的 ATGS，需要与制造商讨论其适用性。

② 油罐周围的水可以临时防止油品离开油罐，从而可以隐藏泄漏。为探测这种情况下的泄漏，ATGS 应该具有探测油罐底部水的能力。

③ ATGS 必须能够在一定的监测率和错误警告概率下，探测到 0.2gal/h 的泄漏。有些 ATGS 也能够以要求的概率探测 0.1gal/h 的泄漏。

(3) 安装要求及功能：

① 通过油罐顶部的一个开口(不是填充的管道)永久地安装 ATGS 探头。

② 除已评估的可用于多油管、油罐的一些连续 ATGS 外，加油站现场的每个油罐都需要配置一个独立的探头。

③ ATGS 探头与一个控制台相连，该控制台显示正在运转的油品液位信息和每月测试的结果。

④ ATGS 通常配有报警器，以提示过高或过低的油品液位，过高的水位，以及盗窃油品的行为。

⑤ ATGS 能够与其他位置的计算机相连，由此系统可实现编程或读取。

⑥ 对于非连续运转的 ATGS，在每月测试前至少 6h 内，以及测试过程中(一

般 1~6h）不能有油品输入或输出油罐。

⑦ 一些 ATGS 可以对在相对较低容量的情况下（如 25%或 30%）的测试进行评估。虽然在这种容量下，油品液位对于测试设备可能是有效的，但是这可能不适合测试日常装油品的油罐的所有部分。ATGS 测试需要在日常装满油的油罐上进行。

⑧ 只要按照制造商的说明书安装并操作自动油罐测量系统，该设备就可满足油罐泄漏探测的要求（本系统不能探测管道泄漏）。在油罐的使用期内要每月检测该设备一次。

4. 泄漏探测装置之三：油气监测（包含示踪化合物分析）系统

油气监测（包含示踪化合物分析）系统如图 8-3 所示。

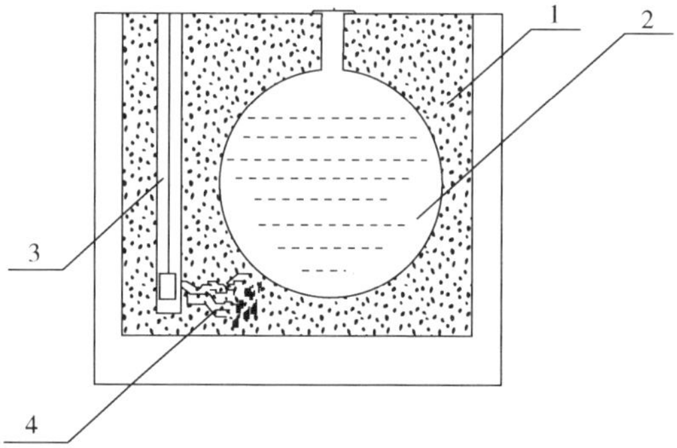

图 8-3　油气监测（包含示踪化合物分析）系统

1—回填中性细砂土；2—卧式油罐；3—油气监测系统；4—渗漏油品

（1）对泄漏探测的方法：

① 油气监测用于感测和测量油罐周围土壤中泄漏油品发出的气体，以确认油罐是否正在泄漏。

② 将示踪化合物事先放入油罐或地下管道中，对地下储油罐系统外存在的示踪化合物进行采样分析。

③ 全自动油气监测系统已经安装了永久性设备，以连续地或者定期地收集和分析油气样品，并对泄漏进行响应，发出声光警报。

④ 示踪化合物分析需要在油罐回填土中或沿管道线路处的关键位置安装监测井/采样点，以便在油泄漏发生时能够监视采样点提取的特定的化学制品。

⑤ 监测井的数量及其位置是非常重要的，只有经验丰富的承包商能够设计和建造有效的监测井系统。油气监测需要在油罐回填土中安装监测井。双井中较小的建议用于单油罐挖掘。对于三个或更多井，建议用于挖掘两个或更多的油

罐。美国一些州和地方机构已经制定了监测井位置的规章制度。监测井必须保护好并明显标记。

⑥ 手动操作的油气监测系统，包括从能即刻分析所收集油气样品的装置，到收集的样品需送到实验室进行分析的设备。手动系统每月必须至少监测一次油站现场。示踪化合物分析可以由有资质的技术员每月执行一次。

（2）用于加油站的条件：

① 不是所有的加油站都可采用这种监测系统，所以在安装油气监测系统前，要对加油站现场评估，以确认油气监测是否适用于该加油站现场。加油站现场评估通常至少包括确定地下水位、罐底土层污染、存储油品的类型，以及土壤类型。此评估应由经过培训的专业人员进行。

② 地下储油罐内存储的物质必须容易蒸发，如汽油，以便油气监测器能够探测泄漏。有一些油气监测系统用于柴油燃料时，就不能很好地进行工作。

③ 地下储油罐周围的回填土，必须是沙子、砂砾或者其他使得油品气体或示踪化合物容易移向监测器的材料。

回填土还应该清理得非常干净，以保证以前的污染物不会妨碍当前泄漏的探测。

④ 高地下水位、过量的降雨，或者其他潮湿源，不能连续干扰油气监测操作 30d 以上。

（3）本系统安装使用要求：

① 只要按照制造商的说明书安装，并操作油气监测，该设备就能满足对地下储油罐泄漏探测的规章要求。油气监测表明所采油品的碳氢化合物（如汽油）非常不稳定，但能在监测井/采样点上提取。规章要求对于油气监测系统的操作，在其使用期内至少每月一次。油气监测也可以安装用于探测管道的泄漏。

② 在安装用于探测泄漏的油气监测系统前，应评估确定土壤类型、地下水深和流向，以及油站现场的总体地质。这只能由经过培训的专业人员进行。

③ 所有油气监测设备应该按照制造商的说明书定期标定，以确保能够监测。

5. 泄漏探测装置之四：地下水监测系统

地下水监测系统，如图 8-4 所示。

（1）泄漏探测的方法：

① 地下水监测系统的两个主要组成部分：监测井（典型的井直径为 50~100mm）和监测设备。

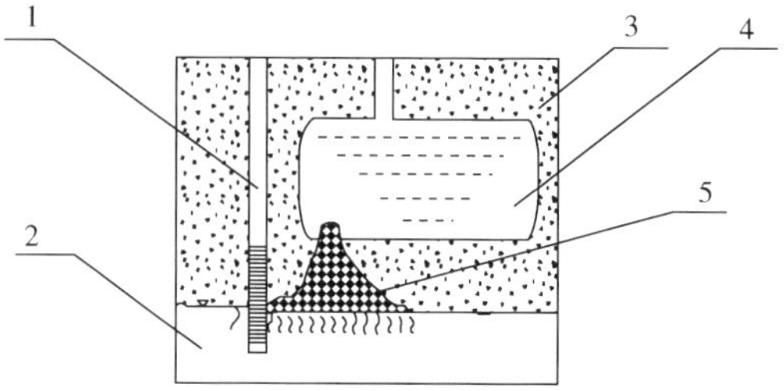

图 8-4　地下水监测系统

1—监测井和监测设备；2—原土壤；3—回填中性细砂土；

4—卧式油罐；5—渗漏油品

② 监测井为靠近地下储油罐的永久监测井。该井至少每月监测一次，以判断是否含有从地下储油罐泄漏出来并且正在地下水表面流动的油品。

③ 监测井的数量及其位置是非常重要的。只有经验丰富的承包商才能设计和建造有效的监测井系统。双井中较小的建议用于单油罐。三个或更多井建议用于两个或更多的油罐。

④ 监测井必须合理设计并密封以防止外界的污染。井还必须标记明显，并保护好。

⑤ 监测井应该置于地下储油罐回填土中，以便能够尽可能快地探测泄漏。

⑥ 探测设备永久地安装于井中，用于自动连续地测量泄漏的油品。

⑦ 探测设备也可手动进行。手动设备是能插入井中电子显示泄漏油品的设备。手动设备必须至少每月使用一次。

⑧ 油品探测设备必须能够探测地下水面上 3mm 或更小厚度的泄漏油品。

（2）用于加油站的条件：

① 一般情况下，地下水监测系统能够在地下储油罐场所使用。但监测井需安装在油罐回填土中，并且过去没有油品泄漏，否则将错误显示现在有泄漏。

② 如果地下水监测系统是泄漏探测的唯一方法，那么地下水不能低于地面 20ft(6.1m)，并且井和地下储油罐间的土壤必须是沙子、砂砾或者其他粗糙材料。

（3）安装使用要求：

① 只要按照制造商的说明书安装并操作地下水监测系统，该系统就满足地下储油罐泄漏探测的要求。在油罐的使用期内，地下水监测系统至少每月运转一次，以满足要求。地下水监测系统也可用于探测管道的泄漏。

② 安装之前，进行加油站现场评估是必要的，以便确定土壤的类型、地下水深和流向，以及加油站现场的总体地质。此评估只能由经培训的专业人员进行。

6. 泄漏探测手段之一：进、销、存管理(SIR)

（1）进、销、存管理的功能：

当按照提供商的说明书执行时，进、销、存管理可满足如下所述地下储油罐探测的要求：

① 0.2gal/h 泄漏探测能力的 SIR，在油罐和管道的使用期内，每月监测一次就可满足要求。

② 0.1gal/h 泄漏探测能力的 SIR，等同于油罐密封性测试，也满足要求。

③ 如果 SIR 具有探测更小泄漏的能力，那么就也能满足油管密封性测试的要求。

（2）SIR 泄漏探测的方法：

① SIR 分析一段时间内收集到的库存、传输和加油的数据，以确定油罐系统是否正在泄漏。

② 每个工作日，都要使用量油尺或者其他油罐液位检测器来测量油品液位。同样还要完整地记录从地下储油罐取出的和输送入油罐的全部数据。经过 SIR 提供商要求的一段时间后，收集齐全部数据，然后可将其提供给 SIR 提供商。

③ SIR 提供商利用复杂的计算机软件对数据进行统计分析，以确定地下储油罐系统是否正在泄漏。SIR 提供商会提供一份分析测试报告。同样，也可购买 SIR 软件执行相同的分析，并从电脑上获得一份测试报告。

④ 一些方法可将自动油罐测量的多个参数与 SIR 相结合。在这些方法中，有时称为混合方法，测量仪将液体的液位和温度数据提供给运行 SIR 软件的计算机，计算机再进行分析，以查明是否泄漏。

（3）相关规章的要求：

① 为了可用作每月监测，SIR 方法必须能够探测小至 0.2gal/h 的泄漏，并满足关于探测概率和错误警告概率的规章要求。至少每月要将数据递交一次。

② 为了可用作油罐密封性测试的等效方法，SIR 方法必须能够探测小至 0.1gal/h 的泄漏，并满足关于探测概率和错误警告概率的规章要求。至少每月要将数据递交一次。

③ 单个 SIR 方法必须对测试过程进行评估，以确保其能够在要求的液位探测泄漏，并且符合探测概率和错误报警率的要求。

④ 对该方法的评估必须反映该方法在加油站现场使用的方式。如果 SIR 方法不是由 SIR 提供商执行，那么该方法的评估必须在不包含 SIR 提供商的情况下进行。这有两种情况：一是 SIR 方法授权给了设备业主；二是用混合的 ATGS/SIR 方法，即自动油罐测量系统——进、销、存管理方法。

⑤ 如果测试报告不能确定，必须采取必要措施，查明究竟油罐是否存在泄漏。因为 SIR 方法进行测试需要数天，因此可能不得不使用其他方法进行判断。

⑥ 必须保存好测试报告，以及所用 SIR 方法对于地下储油罐系统有效的证明文件。

(4) 用于加油站的条件和要求：

① 一些 SIR 方法已经对容量达 60000gal 的油罐的使用进行了评估。如果考虑使用 SIR 方法，那么要核查一下该方法，以确定它符合规章要求和特殊地下储油罐系统的要求。

② SIR 方法探测泄漏的能力随着储量的增加而下降。如果考虑将 SIR 方法用于大储量的地下储油罐系统，要核查该方法以确定它可满足规章要求。

③ 油罐周围的水可能会隐藏住油罐上的洞，在这种情况下探测泄漏，应该每月至少检查一次水。

④ 包括油品液位测量、加油数据和传输数据在内的数据，应该按照 SIR 提供商的说明书认真地收集。收集数据的欠缺会产生不确定的结果和数据的不符合。

⑤ SIR 提供商一般会提供详细记录数据的表格、液位转换成体积的图表，以及指导测量的说明书。

⑥ 不要将 SIR 与其他泄漏探测方法相混淆，该方法也是依靠定期对库存、提取和传输的数据进行调节的。不同于手动油罐测量或库存控制的是，SIR 要对数据进行复杂的统计分析以探测泄漏。

7. 泄漏探测手段之二：油罐密封性测试和库存控制

加油站每月的定期油罐密封性测试和库存控制相结合，才能满足油罐泄漏探测的要求。

这两种泄漏探测方法必须同时使用，因为单独使用任一方法都不能满足油罐泄漏探测要求。

下面分别介绍这两种泄漏探测方法。

(1) 油罐密封性测试：

① 泄漏探测的方法：

密封性测试包括很多方法。这些方法可分为两类：测定体积的和不测定体积的。密封性测试方法也被称为精密油罐测试。

a. 测定体积的方法：

测定体积的测试方法，是非常精密地(以毫升或千分之一英寸为单位)测量油罐中油品液位随时间变化的方法。这种油罐密封性测试的要求如下：

(a)在进行液位测量的同时，必须非常精密地(千分之一度)测量油品温度的变化，因为温度变化会导致体积变化从而妨碍发现泄漏。

(b)油罐中的油品在测试以前，需要位于某一特定液位。这就要求经常从加油站的其他油罐中加入油品。

(c)随着测试时间的延续，若油品体积有净减少(减去温度引起的体积变化)，这就表明存在泄漏。

b. 不测定体积的方法：

不测定体积的测试方法，即根据声学、真空或压力的降低来确定油罐上是否存在孔洞的方法。声学方法，可用超声信号。

还有很多种不测定体积的方法。如：示踪化学制品通过地下储油罐系统散布，在置于重要位置的采样端口进行测试。

c. 对于测量体积的和不测量体积的(除示踪化合物外)测试方法，以下情况通常都适用：

(a)测试设备通过填充管道，临时安装到油罐中。

(b)油罐必须停止运转，用于测试。

(c)一些密封性测试方法，需要测试者手动完成全部测量和计算；另一些密封性测试方法则自动完成。测试者建好装置后，由计算机控制测量并进行分析。

d. ATGS 一些自动油罐测量系统，能够满足油罐密封性测试的规章要求，并且可以作为等效方法使用。

② 相关规章的要求：

a. 密封性测试方法必须能够探测至少小至 0. 1gal/h 的泄漏，并满足探测概率和错误报警率的要求。为满足泄漏探测要求，油罐密封性测试必须与库存控制或者手动油罐测量之一相结合。

b. 地下储油罐系统必须使用这种组合方法，在油罐进行防腐蚀处理、防油品溢出后(不迟于 1998 年 12 月)或者在安装了新油罐后不超过 10 年内，每 5 年进行一次油罐密封性测试。对于在整个地下储油罐系统满足更新后的标准前已经进行了防腐蚀处理的一些地下储油罐，这种每 5 年进行一次油罐密封性测试的组合方法在 10 年内是有效的。

c. 在油罐系统更新或者新油罐系统安装 10 年后，必须安装监测设备，并且至少每月监测一次。

d. 对于绝大多数方法，都由测试公司执行测试。使用者只需观察测试过程即可。

e. 依靠这种方法，油罐密封性测试能够用于不同容量的油罐，既可以是汽油又可以是柴油。许多测试方法受到油罐容量或者油罐中未装满的部分(没有装满油品的油罐中没有湿润的部分)的限制，因此不能超过这些限制。使用示踪化学制品分析的方法没有油罐容量的限制。如果考虑将密封性测试用于汽油或柴油以外的其他油品，那么请与制造商讨论该方法的适用性，并核查该方法的评估结果，以确保它符合规章要求以及特定地下储油罐系统的需要。

f. 多油管油罐通常应该不相连并应分别测试。

g. 成功进行密封性测试的最关键因素通常是测试程序和测试人员，而非测试装置。因此，受过良好训练且经验丰富的测试者是非常重要的。

（2）库存控制：

① 本泄漏探测的方法：

a. 库存控制需要频繁测量油罐容量并频繁进行数学计算，以便比较实际库存和账簿库存，人们称这个过程为库存调节。如果实际库存与账簿库存差异太大，那么油罐可能正在泄漏。

b. 使用油尺以及在表格中记录的所测量的数据，获取每日地下储油罐库存。利用校准图表(多由地下储油罐制造商提供)，油尺处的液位可以转换成油罐中油品的体积。

每个工作日输送到地下储油罐和从地下储油罐提取的油品总量也都应记录。油尺测量数据与销售和传输的数据要核对，同时确定每月油品是多余还是缺失，至少每月进行一次。如果多余或缺失油品大于或等于流经油罐体积的 1.0%，再加 130gal 油品，则地下储油罐可能正在泄漏。

② 相关规章的要求：

a. 使用库存控制必须与定期油罐密封性测试相结合。

b. 油尺伸至油罐底部并进行标记，这样油品液位可确定到 1/8in（1in = 0.0254m）。请每月进行测量，以确定油罐底部是否存在水。

c. 加油机必须与当地的度量衡进行校准。

d. 库存控制是一个实用的、通用的管理工具，不需要长时间要求油罐停止运转。

e. 在测量前通过扩展油尺上油品的试油膏(或者使用油罐内油品液位检测设备)可明显提高油罐测量的精度。

f. 如果油罐不是水平的，则需要修改库存控制。

③ 使用这种组合方法的时间限制：

只有在整个地下储油罐系统满足防油品溢出和防腐蚀标准后，使用组合方法进行每5年一次的油罐密封性测试为有效。随着整个地下储油罐系统的更新，可以在使用防腐蚀处理且安装或更新油罐之日后10年内使用此组合方法。请注意，结束日期以油罐本身是否满足规章要求为基础，而不是整个地下储油罐系统是否满足规章要求。因而一些10年左右的地下储油罐不能使用这种组合方法。有效期到期后，必须选择一种每月监测泄漏的方法。

④ 对于一些地下储油罐的特殊时间限制：

a. 对于在整个地下储油罐系统满足更新后的标准以前已经进行防腐蚀处理的一些油罐，这种将库存控制和每5年一次的密封性测试相结合的方法，其有效期不长于10年。

以下情况可使用此组合方法：

(a) 油罐防腐蚀处理后，10年之内；

(b) 只有在整个地下储油罐系统满足更新后的标准后，有效期才能开始计算。

b. 对于在地下储油罐系统满足更新后的标准以前，已经对油罐进行防腐蚀处理的情况下，有效期是少于10年的。此限制在下面例子中影响更为明显：一个未加保护的钢制油罐在1986年进行了防腐蚀处理(或者油罐由抗腐蚀材料制成并于1986年安装)，但是管道系统、防溢出功能的更新直到1995年才增加。本例中的地下储油罐系统只能在1995年(整个系统符合更新后的标准时)开始使用此组合方法，并且使用此组合方法只能到1998年(1998年与油罐进行防腐蚀处理后10年两者中较晚的一个日期)。在本例中，地下储油罐只能使用这种组合方法3年(从1995年到1998年)以满足泄漏探测的要求。相应地，当有效期少于10年时，需要缩短密封性测试的周期。

8. 泄漏探测手段之三：手动油罐测量

(1) 手动油罐测量的限制：

手动油罐测量只能用于容量2000gal及2000gal以下的油罐。

1000gal及1000gal以下的油罐，可单独使用此方法。

1001~2000gal 的油罐，只有将其与油罐密封性测试相结合时，才能临时使用手动油罐测量。

（2）泄漏探测的方法：

① 美国环保局有《手动测量油罐》手册，全面解释如何正确使用手动油罐测量的方法。该手册中也包含记录数据的标准表格。

② 每周必须对油罐含量进行 4 次测量。至少 36h 一个周期，其间油罐不能加减任何油品，两次在此周期开始时进行，两次在此周期结束时进行。

③ 此周期开始时测量的两次平均值，减去此周期结束时测量的两次平均值，结果表示了油品体积的变化。

④ 计算的油罐体积的变化，要与标准值每周相比较一次。如果计算的变化超出了每周的标准值，地下储油罐可能正在泄漏。同样，四周测试结果的每月平均值必须以同样方式与每月标准值相比较。

（3）相关规章的要求：

① 液位必须用油尺测量，油尺刻度可分辨 1/8in 的液体。

② 在油罐使用期内，手动油罐探测是容量 1000gal 及 1000gal 以下油罐泄漏的唯一方法。551~1000gal 的油罐有测试标准，该标准以其直径或其附加使用的密封测试为标准，见表 8-11。这些油罐可将手动油罐测量和定期油罐密封性检测相结合，可临时使用。

表 8-11　手动油罐测量的测试标准表

油罐大小	最短测试时间/h	每周标准(一次测试)/gal	每月标准(四次测试平均)/gal
550gal 以下	36	10	5
551~1000 gal(油罐直径 64in)	44	9	4
551~1000 gal(油罐直径 48in)	58	12	6
551~1000 gal(需要定期测试油罐密封性)	36	13	7
1001~2000 gal(需要定期测试油罐密封性)	36	26	13

③ 对于容量在 1001~2000gal 的油罐，手动油罐测量必须与定期的密封性测试相结合。还必须用别的监测方法，进行至少每月一次的监测。

④ 为满足规章要求，容量大于 2000gal 的油罐不能用这种泄漏探测方法。

⑤ 正确的测量、记录和数学公式对于成功进行油罐测量是最为重要的因素。在测量前通过扩展油尺上的试油膏，可明显提高油罐测量的精度。

9. 地下管道的泄漏探测

地下储油罐可能有吸入管道或受压管道，下面分别介绍。

（1）对于吸油管的要求：

① 如果吸油管有如下情况，则无需进行泄漏探测：

a. 管道足够倾斜以至于吸入管泄漏时管道内油品能够流回到油罐；

b. 管道只有一个止回阀，该阀尽可能地靠近位于加油单元的潜油泵的底部。

② 如果吸油管没有满足上述情况，那么必须使用下面的泄漏探测方法之一：

a. 至少每三年一次进行油管密封性测试；

b. 每月进行一次裂隙监测；

c. 每月进行一次油气监测（包括示踪化合物分析）；

d. 每月进行一次地下水监测；

e. 每月的进、销、存量进行校准。

③ 油管密封性测试必须能够在 1.5 倍正常工作压力下，探测至少小至 0.1gal/h 的泄漏，并且符合特定的探测概率和错误警告概率。

④ 对于管道的裂隙监测、油气监测（包括示踪化合物分析）、地下水监测，以及进、销、存管理，具有与油罐一样的要求。

（2）对于受压管道的要求：

① 每个受压管道线路必须从下列每套方法中使用一种泄漏探测方法：

a. 自动油管泄漏探测器探测：本系统包括自动流量限流器、自动流量阀门、连续报警系统；

b. 每年的油管密封性测试；

c. 每月进行一次裂隙监测；

d. 每月进行一次油气监测（包括示踪化合物分析）；

e. 每月进行一次地下水监测；

f. 每月进行一次进、销、存管理；

g. 其他满足性能标准的每月监测。

② 设计的自动油管泄漏探测器（LLD），必须能够在油管油压为 $10lb/in^2$（1lb =0.45339237kg）时，探测小至 3gal/h 的泄漏，并可关闭油品流动、限制油品流量或触发声光警报。

③ 油管密封性测试必须能够在 1.5 倍正常工作油压下，探测油管小至 0.1gal/h 的泄漏。测试必须每年进行一次。如果测试在低于 1.5 倍正常工作油压

下进行，被探测的泄漏率必须相应下降。

④ 自动 LLD 和油管密封性测试也必须能满足关于探测概率和错误报警率的要求。

⑤ 对于管道的裂隙监测、油气监测(包括示踪化合物分析)、地下水监测和进、销、存管理，具有与油罐一样的要求。

(3) 泄漏探测的方法：

① 自动油管泄漏探测器：

a. 流量限流器和流量切断器能够以不同方式监测油管内的压力：压力是否随时间而减小，油管达到工作压力所需时间，以及压力的增减结合。

b. 如果探测到可疑的泄漏，那么流量限流器将控制油品以低于正常的流速流过油管，流量切断器完全切断油品在油管中的流量或关闭油泵。

c. 连续报警系统不间断地监测油管状态，并在有可疑泄漏时立刻触发声光报警器。自动化的内部监测系统、油气或者裂隙油路监测系统也能建立起来连续工作，并且在怀疑有泄漏时发出警告声、闪烁工作台上的信号灯，或者拨打管理人员办公室电话。

d. 自动流量限流器和切断器都永久的直接安装在管道内或者油泵罩内。

e. 安装油气、裂隙或其他监测系统后，只要监测到泄漏，就可关闭流动，限制流量，或者触发报警器。如果满足适用标准，这种装置就可满足每月进行一次监测的要求和管道泄漏探测器要求。

② 油管密封性测试：

a. 通常在高于正常工作压力时油管停止工作并受压。通常经过一小时或更长时间后压力下降，则暗示可能有泄漏。

b. 在进行密封性测试时，吸油管不会受到很大的压力($7 \sim 15lb/in^2$)。

c. 大部分油管密封性测试都由测试公司执行。

d. 一些油罐密封性测试方法测试时，连同和其相连的管道密封性一起进行测试。

e. 对于大多数油管密封性测试，不用安装永久性测试装置。

f. 如果发生滞留油气气穴，则不可能进行有效的油管密封性测试。在测试开始前无法明确地告知是否有此类问题，但是对于带有许多立管和堵塞端的复杂的长管道系统，很可能有油气气穴。

g. 永久安装的一些电子系统(通常包括 ATGS)，能够满足每月监测的要求或油管密封性测试要求。

③ 带裂隙监测的外壳安全壳：

a. 隔层置于管道与环境之间，可以使用双层管道或油管槽沟中的防泄漏衬垫。

b. 监测器置于管道与隔层之间，用于测量泄漏是否发生。监测器的类型从一个可以置于槽中观察有无液体的简单油尺，到一个监测有无油液或油气的连续自动系统。

c. 正确安装外壳安全壳是最为重要的，也是这种泄漏探测方法最大的不同点。安装者需要经过培训并且经验丰富。

d. 管道的外壳安全壳、油气监测（包括示踪化合物分析）或者地下水位监测与油罐的相似。

e. 油气监测，可探测逸散到土壤中的油品或蒸发的油品。

f. 示踪化合物分析，使用示踪化学制品确定油管上是否有洞。

g. 地下水监测，检查漂浮于管道附近地下水上的泄漏油品。

h. 必须进行油站现场估价，以确定较经济的监测井位置和间距。

i. 带有对油罐油气监测（包含示踪化合物分析）或地下水监测的地下储油罐系统，也适用于使用相同方法监测的管道。

（二）美国加油站地下油罐及管道渗漏规律及防渗漏举措

1. 美国地下油罐及管道渗漏规律

美国几起严重的泄漏事件，引起了美国法规制定者的注意，因此于 1986 年启动了对地下油罐泄漏状况的调查。通过调查发现地下油罐及管道的渗漏情况，进而总结了如下渗漏规律：

（1）发现在 12444 起登记在册的泄漏中，约有 83%的泄漏涉及法规范围内的油罐。

（2）大部分泄漏涉及储存供热用油的油罐。

（3）政府部门每年接到的泄漏事件数量在不断增加，并且 65%的登记泄漏事件来自加油站，包括销售油品的便利店。这种情况可能由多种因素导致：其一，加油站是临近人口居住稠密的区域；其二，与其他储存物相比，油料的气味更容易识别。

（4）95%的泄漏事件涉及在用的设备而不是报废的设备。

（5）登记的表面泄漏的油罐平均泄漏年限为 17 年，且 81%的油罐为钢罐。

（6）管线泄漏的平均年限为 11 年，泄漏的原因：其一是不规范的安装导致了最早的管线泄漏；其二是管线壁一般来说比罐壁薄，更容易由腐蚀引发泄漏。

(7) 发布的数据显示对泄漏的有效监控需要同时兼顾油罐和管线:

① 满罐溢出事故占 15%;

② 管线的泄漏大约占 20%~35%;

③ 其余的事故为油泵和其他原因导致;

④ 由于结构因素导致的事故变得越来越多, 致使超过 10000gal 的油品流失。

(8) 对于使用年限 10 年以下的油罐系统来说, 连接零件松弛和不规范安装非常普遍。

(9) 对于使用 10 年或以下以及 20 年以上的油罐来说, 罐体结构的变化更普遍些, 而使用年限为 11~20 年的油罐, 罐体结构的问题要好些。

(10) 使用年限超过 20 年的油罐, 腐蚀的问题更严重些。

(11) 泄漏的去向:

在所有登记的泄漏中: 68% 的泄漏流到土壤中; 45%到地下水; 22%到地上水; 泄漏到空气和其他介质(如地基)中的事故占 15% 和 12%。

2. 美国地下油罐及管道防渗漏的监测举措

(1) 美国及某些州对地下油罐和管线防渗漏的具体措施:

传统的测漏方法能够保护环境, 但对于未被监测到的液体和油气的泄漏还是会对环境造成影响, 因此美国及某些州对地下油罐和管线防渗漏提出了如下具体措施:

① 2004 年 7 月, 加利福尼亚州对新建和改建的 3 个加油站实行了一项新的规定: 要求安装双壁罐、双壁管线和双层人井, 并在所有的双层隔离空间利用持续压力或真空监测(一级或二级), 使得内层空间的渗漏在进入环境之前即被监测到。

② 佛罗里达州对地下油罐的一项调查显示, 单壁油罐泄漏的可能性是双壁油罐的 10 倍, 因此佛罗里达州实行的法规要求所有的单壁罐在 2009 年之前要换成双壁罐。

③ 加油站二层隔离空间的环保监测要求如图 8-5 所示。

加油站二层隔离空间环保监测的要求:

a. 一级泄漏监测, 要达到欧洲 CEN 标准;

b. 在油罐、管线和人井的二层隔离空间, 要保持持续稳定的真空状态;

c. 利用潜油泵或外挂油泵作为抽真空源;

d. 区分规划监测区域和非监测区域。

④ 新能源草案中提出了对地下油罐的更新改造:

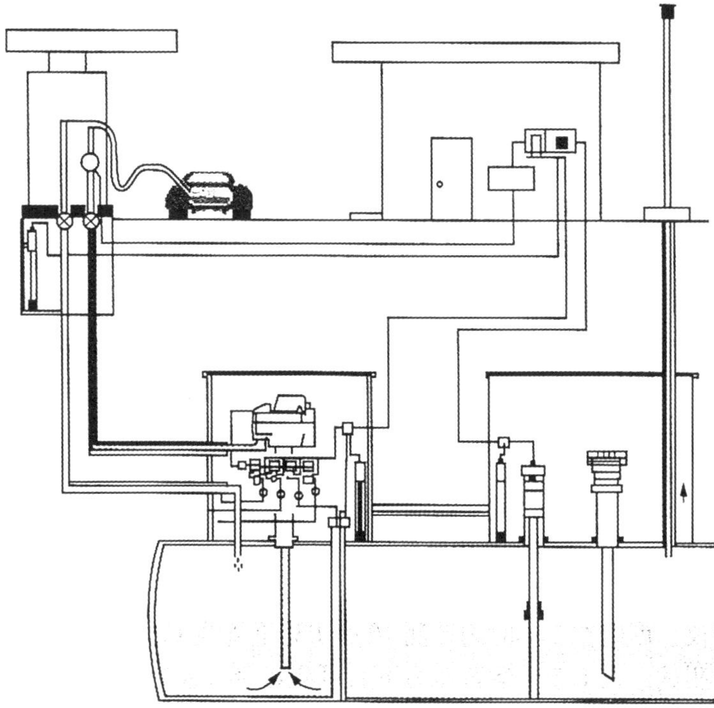

图 8-5 加油站二层隔离空间图

通过 5 年的试行期，2005 年议会通过了一项新能源草案。

对 PEI 成员来说，能源草案中最重要的一部分涉及地下油罐的更新改造。特别需要指出的是，新的草案要求：

a. 所有地下油罐至少要每 3 年检测一次；

b. 地下油罐运营商要根据每个人的日常工作责任，进行相应的操作培训；

c. 所有的州需关闭环保未达标的地下油罐，并拘留向未达标地下油罐注油的个人；

d. 各州需严格监控方圆 1000ft 有饮用水系统范围内所有新安装的地下油罐。

这项新的草案标志着 13 年来执行的第一个全国性能源政策。它更新了过时的有关油料、燃气、电力、核能、煤炭和更新能源的相关法规，并提供了鼓励性的税收政策。

⑤ 环保法规对加油站的要求：

a. 美国环保法规对地下水的保护非常严格：

(a) 从泄漏检测到防护都有严格要求；

图 8-6　加油站双壁罐示意图

(b)要求使用双壁罐，如图 8-6 所示；

(c)双壁罐和管线要求井口宽度在 1000in 以内。

b. 现有的法规更加强调：给泄漏的储油罐注油是违法的；1998 年之前没有被检测的地下油罐将在两年内被检测；所有这些检测完毕后，每 3 年在加油站进行抽查。

c. 泄漏的防止和检测应遵从"40 CFR 265.193 法规"的要求。

d. 必须将双壁油罐设计、建造、安装为：防止内部油罐的任何部位发生泄漏，并能检测到内壁的故障。

e. 外部衬垫(包括拱顶)必须设计、构造、安装为：

(a)可容纳最大号油罐容量极限值的 100%；

(b)能够抑制或者检测到油品的泄漏，防止沉淀的干扰或者地下水的侵入；能完全地包围油罐，防止油品从侧面以及垂直溢出。

f. 地下管线必须配有第二道防泄漏系统(例如电缆沟衬里、双臂管的外筒)。另外，传输油品的地下管线必须装配有自动管线测漏仪。

g. 要采用其他可用的泄漏检测方法，用户和操作员必须向管理机构证明另外的备选方法，可有效地检测到石油泄漏；向管理机构提供如下信息：有效的矫正技术、健康风险，以及所存储油品的化学和物理特性、地下储油罐 UST 站点的特征；在安装和使用新的地下储油罐系统之前，获得管理机构的同意使用备选泄漏检测方法。

⑥ 地下储油罐与防漏屏障的裂缝监控：

可能在地下储油罐系统与二级防漏屏障之间会有裂缝监控，但条件是系统要设计、建造和安装成能够检测到油罐任何部位的泄漏，系统还要满足下面的要求：

a. 对于双壁地下储油罐系统而言，所使用的测试方法能够检测到油罐内壁的任何部位的泄漏；可以使用钢制油罐协会的"双壁地下储油罐标准"的规定，作为地下双壁储油罐的设计和构造准则。

b. 在地下储油罐系统周围或者下面的二级防漏屏障，有人工材料组成的垫层，这种垫层材料厚度应足够厚且不渗漏(对于油品而言至少 10^{-6}cm/s)，如此可将泄漏导向监测点并进行监测。

c. 二级防漏设施要与所储存的油品兼容，这样地下储油罐系统的泄漏才不会引起二级防漏设施的老化，老化会导致检测不到泄漏。

d. 对于阴极保护油罐而言，必须安装二级防漏屏障，以便它不会干扰阴极保护系统的正常运转。

e. 地下水、土壤湿气，或者降雨会导致使用的测试方法无效，所以泄漏可能超过 30 天而不被发现，这应特别注意。

f. 如果二级防漏屏障和监控设备的设计不满足上述条件，则加油站要确保二级防漏屏障总是在地下水之上，而且不应建在 25 年的泛滥土地上；再者监控井要清楚地做好标记，避免未经许可的人靠近和干预。

g. 对于内部带有合适的衬里的油罐而言，在油罐内壁和衬里之间要有一个能检测到泄漏的自动设备，并且衬垫要和所储存的油品兼容。

⑦ 其他监测方法的采用：

任何其他的泄漏检测方法，或者其他方法的组合，如果满足以下内容，则可以使用：

a. 在一个月之内可以检测到 0.2gal/h 的泄漏率或者 150gal 的泄漏，检测率 95%，出错警报率为 5%；

b. 或者管理机构可能同意另一种方法，前提是用户和操作员能够证明此方法，可以有效地检测泄漏。管理机构通过比较这些方法，确认这种方法能够检测到泄漏量以及这种方法探测出的频度和可靠性。如果同意这种方法，用户和操作员必须遵从管理机构附加的所有条件，以确保人身和环境的安全。

⑧ 管线系统的泄漏检测方法：

满足要求的管线泄漏检测的每一种方法，都必须按照下面的说明进行：

a. 自动管线测漏仪。只有当所使用的方法能够检测到在 1h 内的 $10lb/in^2$ 压力下的泄漏率为 3gal/h 时，才能使用这些方法。能够通过限制或者关闭油品流经管线系统或者激活声音或者视觉警报，来告诉操作员有泄漏发生。还必须根据生产厂家的要求来对测漏仪进行每年一次的测试。

b. 管线密闭性测试。只有当在相当于运转压力的 1.5 倍压力的情况下，泄漏测试为 0.1gal/h，才进行管线的定期测试。

⑨ 泄漏检测记录保存：

所有地下储油罐系统的业主和操作员必须根据要求来保存记录。这些记录必须包括下面的内容：

a. 所有与任何泄漏检测系统相关的记录、设备生产厂商或者安装者记录的测试方法都要保存 5 年，或者由管理机构指定一个从安装之日起算的合理的时间；

b. 任何样品、测试，或者监控的结果必须保存至少 1 年的时间，或者由代理商指定一个合理的时间。

c. 在维修工作完成后，所有关于泄漏检测设备的校准、维护和维修的资料，都要保存至少 1 年的时间，或者由管理机构指定一个合理的时间。由泄漏检测设备生产商提供的任何必须的校准和维护的资料，必须保存从安装之日起算 5 年的时间。

第六节　加油站场所的管理

加油站内各场所的管理，行业内及各单位均积累了一些经验，制订了相应的管理规则，基本已规范化。各行业略有区别，现就共性整理如下。

一、 业务室管理规则

（1）业务室负责处理站内各种业务，上班时间不得无人值班。

（2）业务室内应分管行政、业务、财务等工作，正常情况各负其责，特殊情况有人代管，任何情况下不得无人管理。

（3）值班员要尽职尽责，不得私自离岗。

（4）业务员应按站内规定着装，体现站的良好形象。

（5）业务员要热情接待来客，认真处理来客所办业务。

（6）业务员应按站内规定的工作流程办事，提高工作效率，尽量让来客满意。

（7）业务室内按规定摆放办公桌椅，不得摆放与办公无关的物品，墙上只挂业务室管理规则，不得张贴广告等无关图文。

（8）室内不得大声说话，不得闲聊，保持安静文明的室内环境。

（9）经常保持室内外清洁，做到无尘土、油污和易燃物。

二、 值班（警卫）室管理规则

（1）值班(警卫)室每天 24 小时不间断人员值班。

（2）值班(警卫)员要尽职尽责，不得私自离岗。

(3) 值班(警卫)员的职责主要是接听处理室内电话，看守管理站内大门，来客登记。

(4) 值班(警卫)员上班时间不得找人闲聊，值班(警卫)室内闲人免进。

(5) 值班(警卫)室内按规定摆放办公桌椅，不得摆放与办公无关的物品，墙上只挂值班(警卫)室管理规则，不得张贴广告等无关图文。

(6) 经常保持室内外清洁。

三、 附油库房管理规则

(1) 按规定时间发放附属油料。必须持加油证或附油卡加油。

(2) 禁止用敞口容器存放油料，库房内禁止存放易燃物品。

(3) 油料分类存放，油桶按单层双行排列或双层双行排列，桶底有枕垫，油桶大口一律向外，并有检查通道，发现漏桶及时处理。

(4) 库存附油标记要清楚，油名、牌号、质量情况应分别标记在堆垛卡片上。

(5) 每次打开容器盖口前，应先擦净周围的灰尘和泥沙。发油工具应固定专用，保持清洁。

(6) 油料发放后要及时登记签字，填写准确、清晰，做到账、物相符。

(7) 无关人员未经许可不得进入库房，室内严禁吸烟。

(8) 灭火器材放置适当，性能良好。

四、 汽车洗车间管理规则

(1) 汽车洗车间应由专人负责，无关人员不得入内。

(2) 洗车要认真细致，遵守操作规程，保证洗车质量。

(3) 在保证洗车质量的前提下，注意节约用水用料，降低洗车成本。

(4) 对顾客态度和蔼，面带微笑，收费合理，服务周到，发生纠纷要妥善处理。

(5) 经常保持室内外清洁，做到无尘土、油污和易燃物，无关物品不得堆放在室内。

五、 小超市管理规则

(1) 小超市应由专人负责管理。

(2) 进货应有正规渠道，保证进货质量，进货品种数量应面向顾客需求。

(3) 应按货物保存要求妥善保管，防止货物变质造成浪费。

(4) 货物分区分类摆放，货架整齐稳固，架间留有人行通道。

(5) 售货员要着装整齐干净，对顾客态度和蔼，面带微笑，售价合理，服务周到，发生纠纷要妥善处理。

(6) 售货结帐尽量迅速，收费准确无误。

(7) 定期检查货物质量，处理过期变质货物；定期清点货物数量，账物应相符。

(8) 维持室内秩序，保持安静文明环境。

(9) 经常保持室内外清洁，做到无尘土、油污和易燃物。

第七节　加油站安全管理

一、 人员安全管理

(一) 让员工学习和掌握安全知识

(1) 认识油品收、发、储、运中的危险性，如油品易挥发、燃烧、爆炸、带电、膨胀、流动、漂浮、渗透、热波、有毒害等危险特性。

(2) 懂得作业中应预防的不安全因素和事项，如防跑油混油、防着火爆炸、防中毒窒息、防静电危害、防设备损坏和失修、防禁区失控、防环境污染、防人的不安全意识和行为、防自然灾害、防人为破坏和失密等措施和方法。

(3) 掌握现代安全科学理论、安全管理原理等安全理论知识，为安全管理打好理论基础，为加油站安全管理的正确决策、准确操作、有效管理提供依据和方法。

(二) 对员工开展安全教育

安全教育对策是安全的三大对策之一，其目的是全面提高站内人员的安全素质。

人的安全素质包括两个层面：一个是安全层面，指的是人的安全知识、技能和意识；另一个是人文层面，指的是人的安全观念、态度、品德、伦理、情感等。因此各站应充分利用管理信息，将安全教育贯穿于各项工作和作业活动之中，既要传授安全知识和技能，又要培养人的法治观念和安全行为，注重世界观、人生观、价值观的长期培养和养成教育。

搞好站内的安全管理必须经常不断地加强安全重要性教育。使之提高认识，增加知识，掌握技能，做到人人重视安全、人人懂得安全，事事讲安全，处处想安全，时时保安全。

二、 作业安全管理

（一）作业安全管理的意义

加油站是易着火爆炸的危险场所，加油作业是加油站的主业，即是其主要任务。但完成任务必须在安全的前提下，否则不但完不成任务，而且会造成生命财产的重大损失，所以加油站的作业应建立在安全的基础上，因此作业安全管理有其重要的意义。

（二）作业安全管理的措施

（1）作业前应按规定着安全服装，方便作业，确保人身安全。

（2）定期检查维护作业设备，使之处于良好状态，防止设备损坏，伤害人身。

（3）严格遵守各项规章制度与操作规程，保证作业安全。

（4）危险作业现场，应有安全员监视，及时纠正不安全行为。

（5）作业现场应准备必要的消防器材设备，做好消防准备。

（6）维持良好的作业环境，无关人员不得入内。

三、 设备设施安全管理

为进一步加强安全管理，贯彻落实“安全第一，预防为主，综合治理”的方针，建立科学、合理、统一的安全检查重点和范围。通过安全检查的有效开展，严密监控、有效消除危险因素和事故隐患，使加油站在有效监控下正常运行，从而预防事故的发生。

（1）安全检查的重点与范围：

① 安全检查的重点是保证设备设施技术状况良好，正确操作使用，各项规章落实到位，设备设施运行和检修记录填写规范、数据完整有效，及时发现并排除故障等。

② 安全检查的范围是根据岗位职责、操作规程、维护保养规定，以设备设施安全操作与正常运行为目标，保证相关设备设施的协调运行，设备设施技术状况完好有效，注重设备设施的技术性能、维护保养周期、使用寿命，操作使用中易发生的问题与异常情况，各种监测仪表的指示，周围环境对安全运行的影响，

以及仪器仪表有效监控，登记统计数据的准确，发现与处理异常情况等为主要内容。

（2）安全检查的实施：

① 安全检查通常与查站相结合进行，即按站每季、中层单位每月、班组每周、岗位每天的规定进行。

② 安全检查应与安全教育，安全技术培训，典型和常见事故分析，安全技术讲座，业务学习，以及各级查站、设备设施技术检查和鉴定结合进行，也可单独组织。

③ 安全检查应有完整、统一的记录，对发现问题的整改应落实到单位、人，并规定完成时限。

④ 安全检查应结合站内实际制订的年度计划，每次进行前应检查上次安全检查中发现问题的整改情况。

⑤ 安全检查是采用查阅核对记录、座谈讨论、测试考核、实际操作的方法，综合应用眼看、耳听、鼻嗅、手触等方法，并借助仪表、工具深入现场，根据安全检查表规定的内容进行检查，必要时解体检查、测试。

⑥ 安全检查和消除危险分为三个阶段：

第一是发现问题阶段。它贯穿于各项作业与管理活动中，即事前想一想参加人员、涉及规章、油品性能、设备设施、周围环境，以及程序步骤、关键环节、安全措施等方面是否满足要求，还存在什么问题及其危险程度。

第二是确认危险阶段。它是在预想、感观与仪表检查的基础上，进一步查实存在的危险因素和问题，并确认其原因。

第三是解决危险阶段。它是在确认危险的基础上，进行综合与系统分析，有针对性地采取工程技术、人员素质、安全管理等方面的措施，即落实各项规章、完善作业程序和操作规程，筹组设备设施的检修与更新，以及加强人员安全教育与技术培训等安全技术措施。

四、 防火管理

（一）加油站禁火要求

（1）严禁携带火种和穿钉子鞋进入收、发、储存区。

（2）实施明火作业必须严格履行报批手续，不得自行变更或者扩大用火范围，严禁违章动火。

（3）机动车辆加注应当熄火，进入收、发、储存区必须带防火罩，禁止在收、发、储存区现场维修车辆。

（4）生活固定用火点，必须符合规定的防火距离要求。

（二）消防器材的配置

关于加油站消防器材的配置，GB 50156—2012《汽车加油加气站设计与施工规范》中的规定摘编如下：

（1）每 2 台加气机应配置不少于 2 具 4kg 手提式干粉灭火器，加气机不足 2 台按 2 台配置。

（2）每 2 台加油机应配置不少于 2 具 4kg 手提式干粉灭火器，或 1 具 4kg 手提式干粉灭火器和 1 具 6L 泡沫灭火器。加油机不足 2 台按 2 台配置。

（3）地上 LPG 储罐、地上 LNG 储罐、地下和半地下 LNG 储罐、CNG 储气设施，应配置 2 台不小于 35kg 推车式干粉灭火器。当两种介质储罐之间的距离超过 15m 时，应分别配置。

（4）地下储罐应配置 1 台不小于 35kg 推车式干粉灭火器。当两种介质储罐之间的距离超过 15m 时，应分别配置。

（5）LPG 泵和 LNG 泵、压缩机操作间（棚），应按建筑面积每 $50m^2$ 配置不少于 2 具 4kg 手提式干粉灭火器。

（6）一、二级加油站应配置灭火毯 5 块、沙子 $2m^3$；三级加油站应配置灭火毯不少于 2 块、沙子 $2m^3$。加油加气合建站应按同级别的加油站配置灭火毯和沙子。

（7）其余建筑灭火器材配置，应符合 GB 50140《建筑灭火器配置设计规范》的有关规定。

（三）消防器材设备的管理

（1）应按照规定配置配齐消防器材设备，定期检查保养，定期更换药剂并及时充气，登记药剂更换日期。

（2）正确使用消防器材设备，并经常检查保养，做到压力合格，外壳整洁，钢瓶字迹清晰，油漆无脱落，无锈蚀，无损伤，附件完整无损，铅封无破坏，定期更换药剂。

（3）消防器材设备应当设置在明显和便于取用的地方，室外存放避免日晒雨淋。

参 考 文 献

[1] 中国石油化工集团公司．汽车加油加气站设计与施工规范：GB 50156—2012[S]．北京：中国计划出版社，2012.

[2] 杨槐青，郭建新．加油(气)站安全技术与管理[M]．北京：中国石化出版社，2003.

[3] 郭建新．加油(气)站安全技术与管理[M]．北京：中国石化出版社，2013.

[4] 马秀让．加油站安装与管理[M]．北京：金盾出版社，1998.

[5] 马秀让．加油站建设与管理手册[M]．北京：中国石化出版社，2013.